Idea man

Idea man

豐盛心態

實現自我價值，發揮最大潛能，創造人生複利效應

I'm Worth MORE

Realize Your Value. Unleash Your Potential

Rob Moore

羅伯·摩爾──著　陳圓君──譯

目錄 CONTENTS

Part 2 你如何看待自己？

Part 3

別人怎麼看你，重要嗎？

Part 4

提升自我價值

Part 5

管理並掌握你的情緒

Part 6

自我價值就等於人際價值

前言

從二〇〇六年以來，我一直致力於幫助雄心勃勃的企業家、自由追求者，以及那些想要兼職或自行創業的人。

早年，我以為自己是在幫助房地產投資者。到了中期，我以為我在幫助通才企業家。現在我意識到，我其實是在幫助任何想要為自己和他人創造更好生活的人。

隨著接觸更多人，我越發了解到，我們都面臨同樣的困難和挑戰。儘管週遭有很多人相伴，但我們都在自己的世界中受著苦。

我們在社交媒體上擺出一副無所畏懼的姿態，但事情並非總是那麼順利。我們會解決別人的問題，但依舊得為自己的問題而奮鬥。不會有人感謝我們的付出，但我們卻覺得自己有責任擔起一切。

我了解到，沒有人能夠倖免於對失敗的恐懼，總覺得自己不夠好，好像總是免不了要被品頭論足、批評和嘲弄，面臨信心危機，沒有任何人能逃得了和自己的心魔纏鬥。

並不是你的問題。無論基於什麼原因、持續多久，這就是身而為人的一部分。這就是身為一位企業家、冒險者、創意人，以及關心他人者的必經之路。

我認為全世界都必須知道並且了解成功、成就和自我價值的平衡觀點。總是努力追求更多的悖論——在追求成長，為了變得更好的同時，也對於現在的自己和現在處境感到滿意與快樂。努力鞭策自己向前邁進，但也要活得神采飛揚。

我的工作涉及到更形而上的範圍，從房地產到經商、時間管理，再到自我價值，但有一個始終如一的主題貫穿其中，那就是**我們如何評價自己**，即我們的自我認知、自我價值，以及恕我說個老哏，那就是「愛自己」。

如果你連自己都不相信，就不能為自家的產品和服務收取合理而豐厚的費用；如果你的靈魂有個缺口，就無法打動別人；如果你感到哪裡不對勁，就無法讓自己勇於應戰。

隱含在每一筆生意、每一次提案、每一筆銷售、每一次創業、每一個副業，每一筆投資、每一次合夥、每個工作角色，以及每段關係之下的，都是你對自己的看法。**如果你了解到自己的價值，就能充分發揮自我潛能。**

我的著作不僅是根據我自己的經驗來撰寫，儘管這是我一直在做的。我從來都沒寫過一項「研究計畫」，我總是在寫自己所學到的、贏得的、奮鬥的過程和我的成功。因為身為一位企業家、自由追求者、積極進取者、信仰者、天真不切實際的思想家我的經驗和其他人一樣，所以我能夠從真實而深刻的經歷中寫出一本書，這也是許多人所需要的。我不是為自己而寫，而是為我的社群、追隨者和粉絲而寫。其中「要如何了解自己的價值，並且充分發揮自己的潛能」就是我一次又一次，經常被反覆問到的問題。

這本書在我所有的作品中，是否最能為他人帶來助益？本書能否透過我奮鬥的過程、遇見的挑戰以及偶然成功的種種經歷，幫助你解決問題，創造屬於自己的成功？本書是否能讓你不那麼孤單，感覺自己並非缺乏能力、經驗或信心？本書是否能讓你感到不那麼迷惘？我希望如此。

非常感謝你跟隨我踏上追尋自我的道路，也謝謝你讓我和你一起踏上這段壯麗的旅途，因為，你值得更多。

也許你內心早已深知這點，只是需要我來推你一把罷了。

導論

Part 1

1（盲目的）偶像崇拜

一直以來，阿諾・史瓦辛格（Arnold Schwarzenegger）就是我的偶像之一。我幾乎從小就在酒吧裡長大。我父母工作時間很長又到很晚，為了讓我開心（安靜），媽媽經常帶我去百視達租電影。我一直想看限制級的（因為當時我十一歲左右），偶爾還說服媽媽租阿諾的電影給我看。

先不論我年紀太小，不適合看這些電影，我超愛阿諾所有的電影，即使有些電影本身不是那麼正向。我崇拜他，他讓我立志成為一位超級英雄。我不知道他贏過這麼多次奧林匹亞先生，我不知道他會在房地產賺上幾百萬美元，也不知道他會賣出幾百萬本書，還成為加州州長。我只想要更像他，還甚至開始舉重（如果你現在看到我，就會知道我沒什麼在持續）。

將近二十五年來，我把阿諾當成偶像來崇拜。他能在水面上行走，他是一位鍊金術士，能把所有碰到的東西都變成金子。他是我的大師，我看不見他的車尾燈，他處於我永遠也到不了的境地。

隨著年齡增長，我對此感到越來越無力。十年來，我對他的欽佩一直鼓舞著我往前邁進。這股力量激勵我想成為更好的自己，讓我振奮，但是這些年來，我開始覺得自己不配。我怎麼可能達到那樣的境界？他生來就是如此，我又不是。我永遠也不會那麼傑出。於是，崇拜的心態開始出現反效果，這股力量好像開始侵蝕、煩擾著我，不斷提醒我那些我沒能實現的事，那些都代表著我想成為的人，但永遠也達不到。

然後，我遇到了他本人。

我很緊張。覺得自己像個傻呼呼的粉絲。我覺得自己配不上他，因為我是如此渺小。我反覆練習要說的話，字字斟酌。我想像著他對我說的每一句話會有什麼反應，並想出了讓自己看起來最不蠢的完美臺詞。在我單獨和他共處一室之前，我在腦海裡重複練習了好幾次，屏住呼吸，然後……他走了進來。

哇！他本人矮多了（這是我第一個念頭）。因為我想像他有七呎十吋，就像安德烈巨人（Andre the Giant）一樣。

當我們握手時，我可以看到他的頭頂。哇！他也有染髮。

我大吃一驚，我心目中完美的超級英雄難道就這樣嗎？我突然間自我感覺良好許多，畢竟，偉大的阿諾也不是「完美」的。

接下來我們一起度過了三十分鐘。不出所料，他非常的友善。他感覺有些緊張，是因為和一個不認識的人在一起，還是我的緊張讓他感到緊張？我不確定，但最令人驚訝的是，他完完全全，不折不扣就是個普通人。

阿諾的身高一直都是那樣，好吧，也許他縮水了一、兩吋，即使是偉大的阿諾也會隨著年紀增長而身高縮水。他當然也會染髮，他都快七十歲了，等我七十歲時我也會染髮（我完全沒有證據他有染髮，只是看起來像那樣，也許只是因為我一廂情願地設想會看到他烏亮的黑髮）。

就像我腦海中想像的他高了一呎，我畢恭畢敬地把他放在高座上崇拜，彷彿他是那麼遙不可及。他完美無缺。然而，正如瀕死之際那般，你的一生會從你腦海中閃現，我突然意識到：關於這個我從未見過的男人，是我自己創造了他是完美的幻覺。

當我不自覺地將自己與他進行比較和定位時，這不僅對我的自我價值不利，而且事實上也有偏誤。我和阿諾在一起的那段時間，完全不像我在腦海中演練的那樣。幾年過去了，你認為阿諾會不斷回想我表現得有多笨拙嗎？好吧，別回答。

你看懂我在幹嘛了嗎？如果你在人生當中的任何時刻，以自己的方式做過類似的事情，那麼這本書將助你擺脫困境，讓你得以繼續向前邁進。如果你曾經有過以下感受，那麼本書就是為你量身打造的：

- 將自己與任何人相比，然後感到空虛，覺得自己不配。
- 擔心一堆。擔心自己的能力，認為所有事情都比實際上還要糟糕、嚴重。
- 覺得自己沒有欣賞或崇拜之人的「天賦」。
- 覺得自己可以，或者「應該」更有成就，卻時不我予。

- 覺得迷惘，自我價值低落，貶低自己並說服自己放棄。
- 薪資被開低，覺得自己收入應該比現在高很多才對。
- 為過去的誤判、失敗和事情責怪自己。
- 覺得自己沒有達到別人的期望。
- 覺得自己沒有達到自己對自己的期望。
- 覺得自己不配獲得成功、幸福或財富。
- 感到虛弱、無用或孤獨。

阿諾是完美無缺，無可比擬的嗎？

不，他只是很擅長當阿諾而已。而你很擅長做你自己。阿諾已經掌握並擁有自己的天賦和獨特性。本書將會引導你發掘，尊重並激發出你自己獨特的技能、才能和天賦——不是與其他人相比，也不是模仿他人，而是你知道自己可以成為的那個人——那個其實你早已成為，但還不夠重視的自己。那個還沒向世界嶄露鋒芒的自己。

世界需要看到那樣的你，但首先你必須成為那樣的人。要成為那樣的人，就必須相信自己。我很樂意幫助你看到自己身上已經存在的東西，並且幫助你看到，原來你在偶像身上看到的東西，你身上也有。

2 什麼才是真的？

我以前認為《電臺司令》（*Radiohead*）是世界上最棒的樂團，其他的樂團都不如他們。（你可以了解為什麼我朋友有點少了吧！）我以前都認為，如果你覺得《南方四賤客》（*South Park*）不好笑，那就是你有問題。我以前認為支持曼聯足球隊（*Manchester United*）是違法的（好吧，有時候我是對的）。

小時候，我想成為一名職業高爾夫球手。我早就相信自己是有史以來最倒楣的高爾夫球手。每當參加比賽，輪到我站在第一個發球臺上時，總會有一股強勁的逆風。逆風只會在我打球時吹襲，在後九洞，風向會一百八十度轉變，像前九洞一樣吹向我的臉。

告訴你這件事，讓我覺得自己無知又天真，但在我二十六年的人生中，我堅信我對事物的看法就是事物的真實狀態，我感知到的就是現實。只有一個現實，其他人都錯了，我是對的。只有當人們以我的方式，唯一的方式，正確的方式來看待世界，他們才會「理解」。

好吧，我是對的，但我也是錯的，而且錯得離譜。接下來這一部分，在我二十六年的歲月以來，是我這輩子學到最簡單，但對我的人生造成深刻影響的概念之一：

- 單一的現實並不存在。
- 只有個人的感知。
- 個人的感知形成了個人的現實。
- 現實只是感知轉化成個人的現實。
- 現實是個人感知的投射。

你可以用一句話來概括以上內容：

現實是可塑的，並非固定不變。你可以創造自己的現實。

在我自學有所嶄獲的二〇〇六年，我參加了許多場個人發展研討會。其中的許多人對可塑、無限的現實提出了這樣的主張：感知被人投射出來，成為個人的現實。這個觀念深深震撼了我。世界上怎麼可能不存在一個單一、固定不變的現實？

一開始，我緊緊抓住我唯一的現實（只有我感知的現實才是現實）。我這麼做是有道理的，如今，我的現實遭受了質疑和粉碎。我不是唯一一個和這個概念搏鬥的人。我的公司合夥人，馬克．霍默（Mark Homer）和我對此進行了激辯：

我：「現實只是個人的感知，因此具有可塑性。」

馬克：「世界上必須存在一個單一、固定不變的現實。」

我：「但是個人的感知會改變它。」

馬克：「不，個人可能會有不一樣的看法，但現實是單一且固定的。」

我：「不，因為看到的人會改變它。」

馬克：「不，世界上必須存在一個單一、固定不變的現實。」

我：「但是，馬克，個人的感知改變了它。」

馬克：「不！個人可能會有不一樣的看法，但現實是單一且固定的。」

我：「不，因為看到的人會改變它。」

十二年後，我們仍在進行同樣的辯論。十二年後，馬克仍然是錯的。現在，你可能會接受「現實就是你所感知到的」說法，或者你認為世界上就是存在著一個單一、固定的現實，只不過我們對它有不同的感知。對我來說都沒差，只要你相信，**你的現實其實是你想看到的，而非現實本身。**更重要的是，你的現實具有可塑性，可以被改變。你可以透過改變你的感知來改變你自己的現實。當你改變感知，就等於立即全面地改變了你所體驗到的現實。你可以透過開明的遠見和抉擇來創造嶄新、理想的現實。

你也可以用同樣的方式來思考你的自我價值。自我價值並非固定不變的，無論你的父母是怎麼跟你說的，不管你的成長過程如何，在哪裡跌倒，又或是身上帶著什麼樣的傷疤或包袱……這些形塑你的事件發生在多久以前並不重要，它們帶來多少痛苦，多麼根深蒂固也不重要。你的自我價值是有可塑性的，因為它只是你對自己的感知。即使週遭的人不斷地說：「你這輩子就只能這樣了。」然而你對自己的看法，仍舊是由你自己來選擇。

就連你的自我價值也不是真實的，它是你「自認為」自己是什麼樣的人的幻覺。其他人對你的看法可能會有所不同，他們看到的可能是更好的你——那些支持你的人從你身上看到的，比你自己看到的多更多；他們看到的可能是更差的你——他們可能不相信你、看不起你。

這些外在的感知也不是真實的，它們只是個人的感知投射到你身上。在這些由他人創造，進而投射到你身上的現實中，要非常小心選擇你創造的現實版本。一旦創造了感知的幻覺，就創造了我們內在和外在的現實，進而賦予它意義。人類似乎渴望，甚至需要使一切都有意義。想要找到生命的意義，想要找到我們自己生命的意義——也就是我們的「使命」，以及搞懂我們為何做這些，而為什麼別人做的是那些？

這種批判性思維是一種有助於生命存續的重要手段。如果你是一位家長，就會知道，孩子不斷重複一遍又一遍的那句最煩人的話是：「為什麼？」媽咪，為什麼？媽咪，為什麼？媽咪，為什麼？媽咪，為什麼？為什麼？為什麼？為什麼？

身為人類，你的生存不受到保障。若把安全視為理所當然，那麼你很有可能會因此喪命。在原始層面上，有些事情有助於確保你的生存，有些則會威脅到你的生命，必須迅速分清楚它屬於何者。

在生命初期，父母的悉心關愛，讓我們覺得生存是安全的。擁有不愛或不關心我們的父母（或「我們認為」是這樣的話），會讓我們的生存感到威脅。身為一名成年人，外部事件可能更加確保或威脅我們的生存（不論是在現實還是我們的感知中）。

這種「意義建構」的能力與我們的大腦緊密相連，驅動著我們默認周遭發生的一切。這可能會表現為認知到一個真實、確切和即刻的危險，例如害怕公開演講、害怕別人如何評價我們，又或是對自我價值產生恐懼。去發現和判斷一件事情的這種需求，很可能會對我們產生影響，讓我們去尋找每件事的意義，甚至是那些根本沒有特別意義的事件。所有現實事件其實都只是「感知」。現實只存在於我們的腦海，而不存在於世界。

因為事件本身並沒有意義，因此那些你認為在損害你自我價值的事件也不是真實的。你賦予意義於外在的人事物，是為了要確保生存，然後讓它們產生實際上根本就不存在的「意義」。

身為人類，我們傾向於帶著負面的偏見，因為這比正面態度更能確保我們的生存。

這一切都會影響到你的自我認知和自我價值。你使這些令人失望的事變得比實際上更嚴重、更具破壞性，這能幫你活下去，但不能為你帶來幸福和成就感，也不能讓你覺得自己夠好。但也有可能發生相反的情況，讓你的自我過於膨脹。不過，本書在此不討論那種較不尋常的情況。自負的混蛋可不需要讀這本書。

本書要探討的是如何看清那些人與事對你自我價值所造成的實際影響，看清是「你自己」賦予它們意義，進而形成一種自我感覺。本書還會探討，要如何去改變這些意義。

意義改變的瞬間，現實也隨之改變，你就能看見自己身上更高的自我價值。

透過理解自己是如何創造意義，以及如何從過往傷害你的相同事件中，創造出嶄新且更具平衡性，或是讓你更有力量的意義，你就可以真正地創造出具有更高自我價值的現實。

我們都具備這種能力，而我很樂意幫助你好好開發它。你並非破碎不全或殘缺不堪，只需改變你的感知，便能立即改變你的現實。

你只需要發現自己身上本來就有，但你卻視而不見的東西，就像你從來聽不到或不相信人們給你的讚美；就像你從來沒有注意到路上的車，直到自己買到一輛，然後你突然間發現，好像每個人其實都開著一輛車。

3 這是我最嬉皮風格的一本書嗎？

找個舒適的地方坐著。找到熟悉的感覺。獨自一人，閉起眼睛，放鬆。用鼻子吸氣四秒鐘，再由嘴巴吐氣五秒鐘……

沒錯，就是這樣，專注在你的呼吸上。如果腦中浮現什麼想法，將它們屏除，就像海浪拍打著海岸……

喔不！等等，你是認真的嗎？

你真的認為本書是走這種路線嗎？拜託，你嘛幫幫忙！但是，你可能不會想到一個企業家會寫一本關於自我價值的書。我們比較可能會用別的方法吧？重點不在於透過冥想來擺脫問題，或是立即顯化財富，對吧？

採取大規模的行動。成功不就是要經過一番苦幹嗎？吃午餐和睡覺不是只有魯蛇才會做嗎？你難道不用拚死拚活的工作，然後用#字號強調「努力十倍」嗎？

當然得這麼做啊！

但是，其實不用。

你不會浪費時間拿一個破了洞的桶子裝水。你不會把水再開大一點。你不會對漏出去的水大罵：「水，你能不能他媽的別再漏了！」

不會的，你會把那個洞堵住。

從二〇〇六年開始，我和我的公司合夥人就一起為自己建立房地產投資組合和業務，並且也幫我的社區這麼做。那時，我天真地以為，只要提供人們資訊，就能幫助他們成功，畢竟知識就是力量，對吧？

我又錯了。

我很快了解到，如果真的是那樣，如果真的是那麼簡單，那麼每個人都可以學習—執行—然後成功。我明白到採取行動的「動機」也是必須的。但是動機的問題在於，這就像拿稻草堵住桶子的破洞。一兩次也許行得通，但隨後就會再漏，很快桶子就會破裂。

然後我發現，**將策略與自身價值觀深度結合的「激勵」，效果更加持久**。但是，即使有著強烈的欲望和熱情，少了強大的自我認同、信念和自我價值，任何的策略都像建在鬆垮的沙地上，最終這座城堡都會被大水沖走。

我從來沒有打算寫關於「先求有，再求完美」或是「自我價值」的書。我想要寫的是實際告訴你「如何做」的書，例如我的房地產、生活槓桿和理財相關的書。過去十幾年來，我教導過成千上萬的人，如果我沒有從那些投資者、企業家、求職者、父母、兼職者和自我提升者身上發現普遍的阻力，那我一定就是個白癡。而這些阻力並非我所預期的，也或許是我不想（對自己）承認的。

思考一下我們想在任何交易上拿到折扣的邏輯。

例如，讓一個房子的要價打個七五折或八折並不困難。只要採取正確的行動，查看每一個條件類似的房子，打電話給房地產仲介，預約看房，然後在每筆交易中開出市價的七成。當你開價夠多次後，砰！你就成交了。接著追隨這些數字，擴大規模。如果你在每二十五個報價裡就完成一筆交易，那麼一百個報價就能成交四筆。如果每年有一百個報價，就能完成四筆市價七五折～八折的交易。十年就有四十筆交易了。你看，你已經達到財務自由了。簡單到不行。

手錶、汽車、鞋子、旅遊行程、食品雜貨、文具……幾乎所有你買的東西都可以這樣做。所以，為什麼不呢？我猜想是：

- 害怕被拒絕。
- 害怕在他人面前顯得愚蠢。
- 不相信賣家會打折出售（即使你知道這種「數字遊戲」）。
- 害怕談判過程會惹惱某人。
- 覺得自己不配獲得額外的金錢／折扣。
- 覺得自己好像是從別人那裡拿錢。

這些都是桶子上的破洞。

無論一個人做了多少銷售、行銷、談判或策略培訓，都無法填補這個洞。這只會讓更多的水倒入桶中，讓它變成非常貴的桶子。事實上，這是一種便宜手段——透過忙著拖延和逃避真正的問題，來讓你相信自己有在進步。我只要持續倒水就好，希望它會自己裝滿。

化妝品業正是靠著這一點蓬勃起來。人們花掉大筆金錢來隱藏或加強他們不喜歡（或者沒能學會欣賞）的身體部位。很少有豐盈的嘴唇、臀部或胸部能為人帶來持久的幸福或愛自己的感受。他們只是使人們沉迷於購買更多、更大的東西。這造就了一種惡性循環：追求一時的快感，勝過細水長流的接納、滿足……甚至幸福。

女人在臀部植入填充物，男人則是注射在二頭肌。這些人冒著危害健康的風險，為的就是讓別人覺得自己看起來很棒（這些人其實通常看起來不太好，有種活在自己世界，無可自拔的感覺）。相反的，學習**重視自己本身的特質**才是他們真正需要努力的地方。

人們對社群媒體上的「讚」上了癮。他們渴望別人按讚來填補內心的空虛。千萬不能發生沒人留言的情況——或者更糟，得到一個「倒讚」；那麼世界就會毀滅。如果有人敢批評一篇文章，那就準備好將發生電影《征服情海》（*Jerry Maguire*）中傑瑞．馬奎爾式的失控場面。

為了獲得愛和認同，抑或是無法從自身取得的自我價值，人們會：

- 購入自己買不起的東西送給（並討好）他們並不喜歡的人。
- 像喜劇演員經常做的那樣，讓別人發笑以掩飾自己的不安全感。
- 說別人壞話，批評別人，透過貶低別人來提升自己。
- 承擔別人的問題，讓自己成為烈士。
- 避免向他人說「不」，讓自己陷入不開心的情境。
- 不斷尋求他人的認可、同意或許可。
- 無法接受批評，覺得批評都是針對自己。
- 過度道歉，為自己不需負責的事情承擔責任。
- 批評、指責、抱怨、自我辯解或扮演受害者。
- 害怕被嘲笑，所以躲起來，置身事外，而不全力以赴。
- 附和大家的意見，臨時改變自己的想法以求「融入」群體。

如果你的自我價值低落，對於本章到目前為止所提及的行為或恐懼特別有同感，那麼無論你多努力賺錢，或者你賺了多少錢，你都無法留住。不管……

- 你讓別人笑得多開心，你的內心都無法感到滿足。
- 你講再多別人的壞話，也永遠無法對自己感覺良好。
- 你成為烈士再多次，你也永遠無法成為自己的英雄。
- 避免向他人說「不」再多次，你也永遠無法對自己說「好」。
- 從他人得到再多認同或許可，你也永遠無法讓自己感到快樂。
- 道歉再多次，你也永遠無法原諒自己。
- 再怎麼指責和抱怨，你也永遠無法承擔責任。
- 再怎麼置身事外，你也永遠無法在必要時採取行動。

不論你上了多少課，研究了多少商業模式，在辦公室加班到多晚，又或者嘗試了什麼樣的節食方法，除非你填補了自我價值的那一片空缺，否則你永遠不會感到完整。

無論你往桶子裡倒多少水，永遠也不會裝滿，除非你把它堵住，然後修補好那個破洞。

我寫這本書，是因為它超越了我寫過的所有其他書。因為房地產投資、創業、籌資、團隊建立、合夥關係、育兒、職業生涯、總體的成功和快樂，都是由我們的內在開始。

這仍然是一本行動導向的書，別擔心，我還沒有變得腦袋不清楚。本書的主要主題，比起我到目前為止的其他本加起來，更為常見，也是更多人同樣有過的經驗。不是每個人都想買房子，或者賺錢（我知道，真是怪胎），但每個人都希望自我感覺更好，並且值得自己渴望的一切。

我和自己的每一場戰鬥，以及我在指導他人數千小時中獲得的經驗，都寫進了這本書。

本書，以及你的自我價值，可以成為你成功的基石，為你這輩子想做的事、想成為的人、想擁有的一切打下基礎。

現在，準備好起身，打開你的雙眼，把瑜伽墊收一收，讓我們開始吧！

4 價格vs.價值

價格和價值是不一樣的。為了你的自我價值，分析語意很重要。在社會上，「價格」通常定義為「某個特定時間的個人重要性」。「價值」則是定義為某個東西的「成本」或是指某個人的「偉大程度」、財務狀況。

在個人、內在層面上，價格是你內在價值的外在體現。畢竟，我們叫它自我價值，而不是「自我價格」。你所重視的事物，例如物品、你的房子或事業，都是外在於你的東西，甚至家庭和經歷也都是外在的。

- 價格是一種外在的投射；價值是一種內在的感知。
- 價格是市場的力量；價值是你自我強化的力量。

- 價格是反射的；價值是自省的。

這種差異很重要。

別讓外在的懷疑者定義內在的贏家。

價格是基於你的內在自我價值，你對某個東西——一個產品、服務或一場推銷——賦予的外在地位和價錢。價格具有可塑性，但內在價值一定是固定的（或是必須增加）。

如果內在價值低下或浮動不定，外在價值也會隨之變化。如果你的內在價值微不足道，就無法對某個東西訂下具有競爭力，甚至是昂貴的價格。

如果你「重視」自己，你的「價值」就會增加。

如果你不重視，甚至還貶低自己，那麼你的價值就會降低，甚至蕩然無存。

我寫這本書是為了幫助你：

- 增加你的內在自我價值。
- 決定並提升你生命中體現的價值。

- 重視你已經擁有的人事物。
- 為你渴望擁有的事物打拚。
- 成為你想成為的人。
- 提高價格、薪水、收入和業務（參見第六部分）。
- 在自我價值受損時，重新評估自己。
- 了解過失與更深層次問題之間的重要區別。
- 吸引並留住合適的人進入你的生活。
- 勇於拒絕並遠離不合適的人。
- 擁有更好的資訊與意義來衡量你真實的自我價值。
- 從自己身上獲得價值，而不是從別人對你的看法中獲得價值。
- 停止懷疑、擔憂、比較，或是更糟的，苛求自己。
- 停止自我價值低落的循環，不要把他人和成功從自己身邊推開。

如果你不重視自己，就很難去評價或看到其他東西的價值。因此，內在自我價值和外在感知價值在本質上雖然不同，卻有著密不可分的關聯，並且相互呼應。一個會直接影響另一個，反之亦然。

把外在的價格，甚至是價值，附加到一個具體的事物上是相對容易的。市場力量、競爭和比較都為賦予事物具體（感知）的價值提供了參照的框架。然而，你所附加的價值可能會改變。你認為它對你而言沒那麼有價值，所以你會想少付一點。或者你可以支付高於市場的價格，因為它對你來說價值更高。

但是內在自我價值的情況就完全不一樣了。

你只有一個人，沒有其他參考的框架，沒有市場力量去支配你的內在自我價值，只有你的**自我感覺**；你如何看待自己，如何對自己說話。自我價值完全是主觀的。這種感知不是現實，但會成為「你的現實」。

自我價值建立過程中出現阻力，可能不是你的錯，但如果想改善這一點，就有責任努力進行改變，而你是做得到的。

人們會花費很多時間、金錢和精力來避免探討更深層的原因，希望外在的事物能夠拯救他們：新的課程、新的寵物、新搭檔、新衣服、另一個假期、新的居住環境……這些不僅沒有改變任何有意義的事情，至少不會在持續的時間內改變，而且還會對這些短暫的快感上癮。每一次暫時的快樂消退，就會暴露出更深層次的複雜問題。

本書不僅能點出身邊的這些干擾和騙局，還能助你找到生活中那些你想要覺得更有價值領域的根本原因。人們要嘛有著較高的自我價值，要嘛有著較低的自我價值。然而，每個人在他們生活中專注、精通，或是順利成長的特定領域中，都具有很高的自我價值。

沒錯，每個人都有。但是，每個人在他們已經放棄、失敗、沒有專注的領域，或是在不良教養或社會環境中，也會自我價值偏低。

就連我的完美英雄阿諾也不例外。

我也不想嚇跑那些不覺得自己整體自我價值處於空前最低水準的人。雖然本書幫助的對象是那些普遍缺乏自信、自我價值低下的人，但它也能幫助任何想要提高整體自信和自我價值的人，就像百萬富翁想要成為千萬或億萬富翁那樣。

又或者，曾經擁有魅力和自信的人，在發生一些事情之後，覺得自己失去了魅力和自信。也可能是那些在許多領域都吃得開的人，不明白為什麼他們卻在特定或新的領域頻頻碰壁。

僅僅因為沒有人讓你感到自己有價值，並不意味著你就一文不值。

僅僅因為你犯了一個或多個錯誤，並不意味著你就是個失敗者。

僅僅因為你在生活中的某個領域價值很低，並不意味著其他領域也是如此。

你也許沒有盡可能地重視自己，但你的價值，卻比你實際上以為的要高出許多。

5 價值該怎麼衡量

衡量事物的價值只有一種方法，那就是把它與其他東西做比較。你對價值的感知不可能單獨存在，沒有相關參考的框架。

除非你把白色和黑色做比較，否則你怎麼知道白色是白色？除非你拿快樂和痛苦相比，不然你怎麼知道何謂快樂？除非你知道或理解財富的概念，否則你怎麼知道貧窮是什麼？

這種比較的框架對於外在價值非常有用。它讓我們在進行價值、價格和相對效用的比較時更容易也更快速。至少你可以確定它的市場價格。

如果你覺得自己支付的金額比這個東西的價值還低，那麼你會覺得很便宜。

如果你覺得支付的金額超過它的價值，那你就會覺得自己成了冤大頭。你會感覺或知道這一點，是因為你能感知到**相對價值**，這種價值也是主觀的。你支付的金額可能比這個東西的定價還要低，因為它的價值低於市場行情。你也可能支付高於它的定價，因為對你來說，它似乎值得付出更多。

我出生於一九七九年。我喜歡手錶。所以，對我來說，最有價值的手錶之一就是一九七九年的勞力士迪通拿（Rolex Daytona）。我的年紀幾乎和這些手錶一樣大了。除了迪通拿的市場價值之外，它還蘊含了我的出生年份和人生價值。我也會把它們傳給我的孩子，所以對我來說又更有價值了。我最好不要過於公開這些資訊，否則賣家會抓住這一點對我開更高的價。

這就是外在感知價值的反射性和主觀性。內在的自我價值也是一樣，你可以把自己看得比任何東西都高或低。這種相對性可能透過拿自己和他人比較得來，也可能是和過去或未來的自己做比較。你可以將自己與社會、媒體定義的理想進行比較，又或是透過完美主義情節、冒牌者症候群的角度來比較。

市場不涉及情感，它只有供需、競爭、規範等力量。所有這些都是可衡量的。然而，換作是你，那就具有更多的複雜性和影響力。我的目標是為你提供全新或已經存在的工具，幫助你透過更加量化的方式來衡量和掌握你的自我價值。更像市場的運作方式，而不是無法理解的謎。更偏向與自己做比較，而不是和他人相比。更偏向由內在驅動，而不是從外在影響。

你是否會自我感覺更好，認為自己更有價值，如果你不再：

- 陷入「比較的魔咒」：（負面地）將自己與他人進行比較。
- 比較現在的你和你認為自己應該達到的境界。
- 讓主流和社群媒體的形象影響你的自我價值。
- 將過去發生的事情歸咎於某人或某事。
- 受到那些不會使你成為更好的人的影響。
- 試著變成另一個人，以取悅你不喜歡的人。
- 害怕自己不配得到，害怕擁有的會被拿走，害怕會被「發現」。
- 讓別人的評論影響你對自己的看法。

為了阻止你自己做出以上任何一件或所有的事，你必須遵循「3A」步驟：

一、**覺察**（Aware）：意識到並掌握你的情緒。

二、**接受**（Accept）：事情注定就是如此，你無法改變。發掘一些你尚未意識到的、關於自己的新面向，可以幫助你接受這一點。

三、**行動**（Act）：在任何情況下都能察覺平衡（在不利的狀況下找出優勢，反之亦然），然後積極主動地採取行動。

這就是你在任何挑戰自我價值的情境下進行壓力測試的基本過程。之後會有更多相關的討論，但首先，有一個比「某物的價值有多少？」更重要的問題——那就是「對你來說，東西的價值是什麼？」

6 你如何衡量事物的價值

就像外在的價值是主觀的，你的內在價值、你所重視的事物、你的價值觀也同樣是主觀的。你會重視什麼，取決於你的價值觀。你的價值觀是你相信並認為生命中最重要的東西，對你來說是非常個人而獨特的。它們是你賴以生存和行動的原則，驅動著你的信念和行為。

你的價值觀對你來說是獨一無二的，因為你也是獨一無二的。根據許多DNA、基因組、神經學和價值論的科學研究，沒有任何兩個人是相同的，即使是同卵雙胞胎也不例外。

在我深入探討這點之前，我覺得證明你身為獨立個體的獨特性相當重要，但也沒必要讓你淹沒在科學知識中。想要證明你的獨特性，目的是向你展示以下幾點：

- 我們全都獨一無二，所以我們都是世上最擅長做自己的人。
- 我們對社會都是必要和有用的，都有獨特的價值所在。
- 如果天才的定義是「最優秀的人」，那麼你也是天才。
- 由上述可得知，我們都有同等的價值，我們的自我價值理當可以證實這一點。
- 我們有充分的理由擁有高度的自我價值，沒有人可以與我們相比。

我們先快速地看過一些研究，緊接著再進入與你相關的部份。人們普遍認為，沒有兩個人的DNA或基因組成相同。根據基因新聞網（Genome News Network），儘管你和其他人的基因組有九十九·九%相同，但你們之間也有超過三百萬個以上的差異之處。過去一直認為同卵雙胞胎擁有相同的基因組成，直到最近的研究顯示，即使是同卵雙胞胎也沒有相同的基因組成。

根據史丹佛大學醫學院（Stanford University School of Medicine）和耶魯大學（Yale University）科學家的研究，人類個性和獨特性的關鍵在於圍繞和控制我們基因的序列。這些序列和一種被稱為轉錄因子的關鍵蛋白質相互作用，在兩個人之間可能有很大的差異，這可能會影響我們的外表、發育，甚至是罹患某些疾病的可能性。

所以，從基因來看，我們都是不同的。請容忍我花點時間說明這對你的自我價值的重要性和關聯性。

價值論研究的是價值觀和價值。價值論（axiology）的詞源是*axios*，希臘語是「價值」的意思。它試圖理解價值觀和價值判斷的本質。它試圖回答「為什麼」和「怎麼會」的問題。它試圖理解是什麼促使我們採取行動或者延遲行動。人類和其他生物的區別在於，人類追求超越自我保護的價值。他們追求理解並珍視美、真理和愛的意義。你可以稱之為精神價值。正如不會有兩人擁有完全相同的基因一樣，沒有兩個人會對相同的東西給出相同的評價或同等程度地重視。

神經學和大腦研究顯示，在完全相同的情境下，每個人的大腦反應和其他人都截然不同。南加州大學（University of Southern California）的科學家進行了一項關於音樂如何影響大腦的研究，他們檢視了學生的腦部掃描。一半的學生對音樂有強烈的反應，而另一半則沒有。

一名受試者認為，當她在聽電臺司令（*Radiohead*）的歌曲《裸體》（*Nude*）時，她的身體完全改變了。研究表示，每個人對音樂都有不同反應，每個人的大腦中都有一套不同的分子，使我們所有人都與眾不同。

如果我們再加上遺傳學、神經學和價值論、父母對我們的養育、環境、文化、媒體、朋友和社群影響因素，就很容易看出要和別人一樣是多麼困難。我們擁有完全獨特的組成、生活和個人經歷，把我們每個人塑造成一個獨樹一幟、絕無僅有的個體。

依我看，那是很特別的。這真是一個奇蹟。機率有多大呢？這個嘛，根據《五秒法則》（*The 5 Second Rule*）的作者梅爾．羅賓斯（Mel Robbins）的說法，機率是四百萬億分之一。

當我們自我價值低落時，很容易忘記這一點。我們並不覺得自己真的那麼特別，也沒有因為活著而對統計數字上的奇蹟心存感激，每天發生的大小事件，以及人們所說的話，逐漸侵蝕我們這種特殊而獨立的存在，把我們碾碎。我們頂多覺得自己很普通，或是像輪子上拚命跑著的倉鼠。

我們的思維逐漸封閉，感知也逐漸縮小。我們開始相信人們對於我們的評價，那些對我們無益，或是與我們真實自我無關的事物。我們讓意識到的錯誤開始蠶食我們內在的自我價值，直到我們遠離了最初那個特殊而獨特的自己。我們沒有茁壯成長，沒有實現自我，反而阻礙了自己。當我們面對所有威脅時，我們幾乎都下意識地如此反應。

感覺自己特殊而獨特，如本章所述，以及感受自己的情緒，都是組成自我價值重要的一部分。你不必為了增加自己的價值而變得特別，你只需要記住自己是特別的。

我相信我們每個人都與眾不同是有原因的。主因與我們相互依賴的特性有關。我們需要彼此才能生存。我們需要愛，但我們也需要生活中的便利和舒適。你日常生活所需的一切都是別人創造的，你消費的所有東西也都是別人生產的。

而別人也消費你創造或生產的東西。你提供價值也接受價值。每個人都提供價值也接受價值。這是一種精細而優雅的平衡。如果我們都以同樣的方式看重相同的事物，就不會在生存所需的領域互相提供服務。

少了獨特性，我們就會做同樣的事情，沒有人會做其他事情。廚師太多不僅會燒壞湯，還會造成湯過多，而別的東西過份短缺。只有湯而沒有其他東西，我們便無法生存。

我不太關心科學和進化論，但我關心與你有關的部分。但首先，你要相信我，你是無與倫比的。

你和其他人一樣特別，你應該就是你自己，包括你的優點和你的缺點、你的天賦和你的奮鬥、你的失誤和你的不完美。一旦你相信了這一點——原諒我，如果我花了很長的時間在說這件事——你就可以開始明白「做自己」有多大的好處和價值。人們實際上有多麼需要你，就像你需要他們一樣。人們如何地敬仰你，就像你敬仰他們一樣。

然後，你的第一個挑戰就是「找出自己的獨特性」。很多人認為自己沒有，他們不明白為什麼有些人天生或後天就有。

但事實並非如此。你早就擁有自己的獨特性。

你的下一個挑戰就是掌握它。發揮你的獨特性吧！向全世界展示、炫耀一下，然後利用它賺錢，如果你想要的話。歡迎來到「我值得擁有更多」的世界。

在第六部分中，我們將研究如何把你自己的獨特性轉化成金錢的形式。事實上，從另外一種角度來說，你已經是個百萬富翁、千萬富翁甚至億萬富翁。以一種潛在、非金錢的形式。你可能是個百萬父母、千萬瑜伽教練或是億萬廚師。億萬富翁將他們自己的價值和獨特性轉化成金錢的形式，而你也可以。

在這個階段，有時候我會失去一些支持者，因為他們認為某些人更容易將具有價值的技能轉化成金錢。對房地產或科技業的人來說，這沒問題，但我和我小小的工作呢？我沒辦法從做工藝或賣熱狗賺到幾百萬美元，對吧？那麼，讓我們來看看以下的例子：

法蘭克．華倫（Frank Warren）開創了一個名為「寄出祕密」（Post Secret）的計畫，他要求人們在明信片的背面寫下他們的祕密寄給他。在收集別人的祕密後，他把這些祕密寫成了書，並且五次登上暢銷書排行榜的榜首，賺了幾百萬。

有一個非常熱門的網站，MyExcusedAbsence. com，上面提供了許多種請假單，像是醫生證明和陪審團傳票。網站所有者沒花多少錢就開創了它，只需要一部筆電和三百美元，他以每次二十五美元的價格賣出這些請假單，賺了一大筆錢。

二〇〇五年，一位名為艾力克斯・圖（Alex Tew）的學生必須想辦法支付大學學費。他創建了一個網名為「百萬美元首頁」（million-dollar homepage）的網站，網站只有一頁，由一百萬像素構成，他（很快地）將這些像素以一像素一美元賣出。幾個月之內，他就賺了一百萬美元。

金・拉文（Kim Lavine）設計了一款名為Wuvit的微波枕頭，徹底地改善了她家的經濟狀況。在她決定試一試這個構想之前，她的丈夫剛失業，家裡完全沒有收入。但情況很就改變了，因為她在創業的頭八週就賺了將近二十五萬美元。是的，不過就一個微波枕頭。

我可以分享更多這樣的故事。事實上，我在《駕馭金錢》（*Money*）一書中分享了一部分，以證明你幾乎可以從任何東西中賺錢，而且是賺大錢。本書稍後將有更多這樣的故事來證明並激勵你，你可以從你的熱情、專業和最有價值的領域中賺錢。

這些故事並不如你想像中的罕見，它們只是我們所做事情的一個例子：**專注於我們最珍視的東西，在實踐和追求專業的過程中，找到自己的獨特之處，用個人偏好的獨特方式，透過熱情和職業來表達我們的個人特色。**這些人只是將他們重視的東西轉化成其他人重視的東西，透過他們的獨特性來賺錢，而你也可以。

任何東西對你的價值，無論是物質的或非物質的，都取決於它為你提供正面情緒的能力，這些情緒就是你對所感價值的反饋。它們可能是幸福、提升和圓滿的感覺，重要性或成就感。當你追求對自己有價值、對他人有價值的東西時，你會得到更多這些情緒，因此你的自我價值會增加，從而成為一個良性的反饋循環。

你如何衡量事物的價值，對你來說是獨一無二的，因為你是獨一無二的。價值對你而言是主觀的，因為它對所有人來說都是主觀的。我們都將自己的價值觀，以及對我們來說最重要的東西，投射在別人身上，試圖讓他們變得更像我們或者與我們看法一致。

人們用他們自己的標準，而不是用我們的標準來衡量我們。我們的自我價值，會根據我們感知到的他人評價而上下起伏。強大的自我價值來自於知道自己重視何物，也知道自己的價值，並且能夠駕馭自己為世界帶來的獨特價值。

7 自我價值從何而來

如果你能找到自我價值的具體來源，那麼以下的實用資訊，就能夠助你建構自我價值。

這個話題有點像是必須小心處理的雷區，因為你可以在生活中的許多領域找到形成信念的事物，它們與你的內在價值感息息相關，許多都源自於你的童年，大部分的個性和信念都是在此時形成，但也有很多是在你人生旅途中的重大（情感）事件裡產生。

能夠意識到自我價值的來源相當重要。不僅是你想改善自我價值低下的領域，還有你想塑造出強烈自我價值的領域。我認為自我價值就像是一個電池電量計，可以從電量全滿到剩下一格，電量快用完時又再度充滿。根據你對事件的看法，它往往是動態而非靜態的。

以下是你自我價值的來源。這些因素塑造了你對於世界、對於自己周遭環境所抱持的信念。它可能是主要的驅動因素，也可能是許多因素的總合。在你瀏覽過去時，注意那些你認為已經影響到你的因素：

- 童年和父母對我們的養育（父母或單親家長、監護人、離婚）。
- 社會（文化、地理位置；永久或不定的）。
- 學校教育（老師、成績、在校狀況和同儕）。
- 愛（是否有從父母、家人和朋友那裡得到，尤其是在小時候）。
- 同儕和社會群體（權威人物，將自己與他們相比）。
- 媒體影響。
- 你的身體形象（外表、飲食、同儕和社交／媒體影響）。
- 你的個人成就（或感知到的失敗）。
- 財務（教養、金錢觀、地位）。

- 兩性／愛情經歷和關係。
- 創傷、虐待、霸凌、成癮和疾病。
- 強烈的情感經歷和事件（正面和負面）。
- 遭受拒絕和批評。
- 對失誤和錯誤決策感到內疚和羞愧。
- 期望和比較。
- 自我對話（你如何與自己談論以上內容）。
- 別人對你的評價。

你賦予以上這些影響的意義，不管它們是更加鞏固，還是威脅到你的生存，都形成了你的自我價值和你對自己的感受。在本書稍後的內容，我們將探討：如果這些事件造成你的自我價值低下，那麼該如何去改變它們的意義，以及如何原諒自己和他人，修正你覺得耗盡你自我價值的錯誤。

在童年時期，孩子會發展出「自我概念」，這是由他們自己認定的特質、能力、態度和價值觀所組成。心理學家達里奧．茨文切克（Dario Cvencek）表示，嬰兒時期就能表現出自尊，但會逐漸發展，直到五歲時就具有更加成熟的自我價值感。

自我價值可以從孩子感受到安全，被愛和被接受時開始形成。隨著長期記憶的發展，孩子也獲得了「記憶中的自我」。這包含了成年人敘述的相關回憶和資訊，這些回憶和資訊構成了一個人的部分人生故事。這也被稱為「自傳式記憶」。幼兒發展出一種「內在的自我」，以私人的想法、感受和欲望為基礎，除非孩子選擇讓別人知道這些想法，否則其他人都不會知道。

你的自我價值感是從很小的時候，一層一層慢慢建立起來的，直到它們形成一個感知到的現實結構。你賦予意義給這些事件和與你互動的人，然後把這些意義變成你的現實，從而驅動你的自我價值。從那時起，它們就被認定為真實的，除非另一個重大事件將其改寫，或是你擔起責任，尋找那些過去的意義，為了創造出更強大的自我價值而將其改變。

大多數的人純粹不知道他們可以這麼做，或是沒有工具來深掘這些信念。我認為，就你過去和未來認知中所形成的意義而言，你的現實是完全可塑的，並且作為連鎖反應的結果，你的自我價值也是如此。

我們將一層一層，一件一件地探索，如何追溯到這些形成自我價值的事件和人們的起源，並且重新認識它們的含意，提供你全新、更加平衡的證據和基礎，以建立你更堅定強大的自尊、價值感和自信。不需要擊掌、鼓掌、跳舞或擁抱，頂多來一聲：「沒錯！就是這樣！」

8 自我價值的目的

自我價值可以定義為「相信自己的能力」。Dictionary.com網站把自尊定義為「對自己價值或能力的信心；自我尊重」。

雖然你不需要一本書來告訴你這一點，但有明確定義的事物，會讓人更容易衡量與掌握。在稍後第四十一章，你將探索不容妥協的行為準則。自尊來自於維護你的個人行為準則，而不是違反它。如果你違反了自己的價值觀、道德規範和行為準則，你會感到憤怒、沮喪、內疚或羞愧，甚至會痛打自己一番。

我可以對你說「別那樣做」，然後快速進入下一點。但這就像對那些為錢而掙扎的人說「永遠不要花的比賺的多」。從邏輯上來講，事情清楚又簡單。但就情感和實際層面來說，它們往往更難或更複雜。

當我一直在尋找事物存在的定義和原因時，我發現反向尋找原因也很重要，你也可以稱之為**反原因**（The anti-reason,）。有一次我和妻子在聊天，她對於在Instagram上看到的批評和辱罵感到非常震驚。人們對名人肆意地抨擊、批評、發牢騷、指責和抱怨。她說：「這些人是怎麼了？」

嗯，我相信現實是「一點也沒問題」。為什麼？因為我們都在抱怨和批評我們反對的人和事。當有人或事件與我們的價值觀產生對立時，我們會抵制並與之抗爭。這樣一來，我們就會變得和我們指控的人一樣殘酷或咄咄逼人。

我們有時都會想：「我們為什麼不對每個人都好呢？」我也常常這麼想（尤其是別人批評我的時候！），但是剝奪自己批評他人的權利，最終不一定對我們而言是最好的。什麼都做不了。挑戰不會帶來成長。沒有進化，物種的生存將面臨危險。沒有什麼可以阻止我們變得過於強大、自私、貪婪或是脫離公平交易原則。批評的聲音讓我們恢復平衡。這種支撐幫助我們重新平衡。

每當我們失去平衡時，無論是獲得太多支持還是面臨太多挑戰，我們都會得到反饋、事件、解決方案，使我們回到平衡。**批評並非總是你想要的，但永遠是你所需要的。**

想一想，你是否曾經出海航行，原本一切都很順利，然後，砰！突然之間你遭受了襲擊，就在事情開始好轉的時候，一些很糟糕的事情發生了。相反的，你是否曾經深陷於掙扎之中，想知道事情何時，或甚至到底會不會好轉，然後，好巧不巧地出現某個人或發生某件事，讓你得到一個喘息的機會——使你振作起來的一個轉機或支持的力量？

我相信這種陰陽平衡的蹺蹺板也存在於自我價值之中，因為我相信它存在於一切事物之中。你的電池總是在不斷地在充電和放電。每件事物都包含著固有而平衡的好與壞，有好處也有缺點。人們看不到好的一面，是因為他們不願意仔細觀察。高自我價值的好處顯而易見，但高自我價值也有同等與之平衡的缺點：

- 自大、傲慢或狂妄。
- 缺乏人緣與同理心。
- 引發適得其反的重大風險。

- 無法意識到自己的缺點。
- 由於過度自信而缺乏計畫和準備。
- 自認為無所不知而導致學習或成長的速度減緩，甚至停止。
- 忽視批評、警告和有用的反饋。
- 具有造成混亂和破壞的傾向。

自相矛盾的是，低自我價值則有許多（令人驚訝的）好處：

- 讓你謙虛到想要學習，並且成為一位好學生。
- 阻止你做出冒險、魯莽或危及生命的決定和行為。
- 吸引使你振作起來的老師和支持者。
- 產生較低的期望，從而最大程度地漸少失敗和比較的魔咒。
- 創造出吸引許多人的謙虛個性。
- 可能使你的心胸更加開放，虛心接受他人的觀點和建議。
- 讓你專注於他人的批評和反饋，轉而驅使你成長與改進。

- 激勵你更加努力，不把自己所擁有的視為理所當然。
- 使你變得悲觀並且抱持懷疑的態度，但這對特定領域來說，例如投資，是相當棒的技能。
- 讓你意識到自己的侷限性，這比過度自信來的好。

在你人生中的各個領域、不同階段，這些都是不可或缺且至關重要的。當你在正確的領域——那些你尚未意識到或掌握的領域，或在你個人價值觀清單中處於低位的領域——有著低下的自我價值事實上對你是有幫助的，它能阻止你像旅鼠一樣消滅掉自己，也能確保人際之間完美、和諧的平衡，在公平和平等的交易之下，允許提供服務和接受服務之間的相互依賴。

再進一步說，在非價值領域中，我們的自我價值就必須低一些，這樣我們就不會去做別人應該做，或是我們不應該做的事情。如果你能在自我價值低下的領域中，看見不足之處的恩賜與平衡，你就能明白它們存在的目的，你就能對此心存感激，不再怨恨不足之處，不再怨恨自己。你可以看到你需要它們，只要意識到這一點，你就會如釋重負。

在更深的層次上，低下的自我價值實際上對於我們的生存起著重要的作用。認為自己「不好」或「不配」的觀念，是從小為了反抗無能為力和被拋棄的感覺而發展的。低自我價值是一種我們試圖處理那些我們被忽視的情感或事件的方式。矛盾的是，它使我們對於父母分居、被虐待、被送走或缺乏愛的情況有了控制感。它減輕我們無助的感覺。我們告訴自己，這是我們的錯，我們不值得愛。這給我們某種可控的錯覺。我們可以怪罪自己，而不是懲罰他人，但這會增加負面的風險，以及更多被遺棄和不被愛的結果。低自我價值算是一種防衛機制，稍後會有更多相關的內容。

在閱讀本書時，我並不是說你在人生中的每個領域都需要更高的自我價值。事實上，你的自我價值在許多領域應該維持在本來的高度。我在瑜伽教學領域長期以來自我價值低下得很完美。這個世界並不需要看到我穿著緊身衣。想像一下，一隻剛出生的小長頸鹿第一次嘗試走路時，瘦長的雙腿搖搖晃晃，你就可以知道我做瑜伽時的姿態。在作為外科醫生的方面，我的自我價值也是低得完美。

千萬別給我手術刀。

當別人告訴你要改善所有缺點時，要小心這個建議。改進那些會影響你的價值觀和積極領域的薄弱領域，例如人際能力、銷售表現或育兒情形。對於你的夢想不重要的其他事情，讓它保持原樣。為你的低自我價值感到驕傲，像榮譽勳章一樣佩戴它，因為這些領域構成了你這樣特殊而獨特的天才，就像你的技能和價值觀一樣。

9 學校沒教的事才重要

參加普通中等教育證書考試前，我在學校表現出色，得到的獎勵是進入當年特別的高等課程，在這個班級裡，我們要學習一門新科目——地理。但是這堂課不僅用法文來教學，學生在課堂上也只能講法文。

過去二十五年來，我用「法文地理」的技能達成了很多事情。無論我走到哪裡，在現實生活中、大街上或市場上，在商場、育兒、人際關係和財務中都有機會讓我施展在課堂上學習和培養的才能。如果不是個這極其重要的生活技能科目，我都不知道要怎麼在這個殘酷而競爭激烈的世界中生存。

……最好是咧！

當然，學校的科目有些是有用的，有些是必要的。重點不在於我們所學的東西，而是學校沒教的東西。我們學習不同策略，卻沒有學著認識自己。我們學習外在的事物，卻沒有學著意識內在的自己。現在的學校可能不一樣了，但我從來沒有被教導如何去理解我這個獨特、複雜又有些迷惘的人類。從來沒有人教導我如何理解、管理並控制自己的情緒。從來沒有人教導我自我意識、自信或自我價值。天啊，我那時需要這些嗎？大多數的年輕人和青少年不需要這種教育嗎？

大多數的成年人不需要嗎？

無知不是福，它就是無知。你並不知道自己不知道的東西。之前的我，不知道感知和現實的可塑性，那時確實可以接受一些生活技能方面的教育。

這一點需要改變。如何在地方、國家和全球都做到這一點，這話題就留待之後的另一本書了。但現在，請幫你和你的孩子一個忙，承擔起這個責任。你所受的教育和現實並非固定不變的。你所受的培養和基因並不一定會讓你成為自己想成為的人。

後面的章節將介紹自我意識和知識，這肯定是對你個人發展最好的投資。那些策略和經濟會來來去去，但只有你會伴隨自己一生。此刻你在這裡，閱讀本文，這是個很好的起點。所以，謝謝你。

Part 2

你如何看待自己？

10 你如何標記自己？

你對自己說的話，以及你如何對待自己，決定了你是個怎樣的人。這個世界會狠狠地將你擊敗，所以你不用自己動手。

你如何與自己交談，如何定義自己，然後給自己「貼標籤」，主要是來自於其他有影響力的人如何給你貼標籤。

你的父母、朋友圈、社交媒體、你的老師以及其他權威人物，都將他們的價值觀、信念和標籤強加於你，這不是他們的「錯」，因為我們都是這樣做的。我們提出自認為正確的事情，投射在他人身上。我們會在情緒上做出反應，在那一刻對他人「大發雷霆」。我們將過去的包袱，在被某個人或某件事觸發的當下轉移到他人身上。我們試圖說服人們相信我們的信念，告訴他們這才是正確且唯一可以相信的。我們告訴人們什麼能做和什麼不能做，也告訴人們他們應該或不應該成為什麼樣的人。

有時這對我們有好處，有時則對我們不利。不管是哪一種情況，它反映的是別人的信念和經歷，而非我們自己的。當我們年輕、容易受傷時，我們需要被保護，因此富有經驗、能帶來幫助的權威人物，會在艱難的世界中引導我們前行，確保我們的安全。

父母會努力保護自己的孩子，通常是透過保護孩子免受他們小時候所經歷的痛苦。他們的父親對他們很嚴厲，所以他們對自己孩子的態度放軟；他們的母親訂下了許多規則，所以自己為人母後，便給孩子們更多的自由。這些投射沒有好或不好，它們是不同的。我們只是根據自己（痛苦或重要的）經歷來判斷它們是好還是壞。

有時候我們的朋友和家人會告訴我們，那個商業構想的風險很大，或是我們應該如何養育孩子，又或是我們不應該跟別人借錢。不然就是我們有一份穩定的工作和可靠的家庭，所以我們應該堅持下去，並且心存感激。別多管閒事。有時候，他們之所以這樣說是基於關心，他們愛我們並且想要保護我們。但他們是根據他們自己的經驗和受限的信念來給我們建議。有時候，人們告訴我們這些，是因為他們嘗試過但失敗了，或是不希望我們成功，因此想阻止我們，好讓自己好過一些。

我剛剛不斷強調，那是「有時候」！

這就是關鍵：有時候那些建議的確有用，但有時它們無濟於事。有時候人們是出於在乎，有時候不是。這個世界出於自身的動機，不斷試圖影響我們走向它的信念體系。你現在擁有並信以為真的所有信念和標籤都來自於外在世界。它們大多數是無意識、未經過濾的，是你周遭環境的副產品。

掌控自我價值的第一步，就是要意識到這些事已經發生，並且是相當正常的。它不好也不壞，不論幸運與否，就是這樣。這就是你。

第二步是開始過濾、選擇和控制你從外在世界接受的，關於「你是誰」的信念和標籤，以及你選擇以什麼為傲，又堅定拒絕哪些。

你是否曾經給自己貼過這些標籤？

- 我是一個失敗者、輸家。
- 我是個騙子。
- 我是一個怪胎。
- 我天生不幸。
- 我太老、太年輕、太醜、太胖、太矮……
- 我很普通，沒什麼特別的。
- 我很愚蠢、笨拙，學得很慢。
- 我總是把事情搞砸。
- 世界對我不公平。
- 我並不值得。
- 我不夠聰明、不夠好。
- 我沒用、沒能力、無可救藥。
- 我難以取信於人（沒人會聽我說的）。

不，你並不是其中的任何一個。當然，你曾經給自己貼過許多標籤，這些事不過一次或很多次，但也不是永遠都如此。這些都不是你，它們只是你所做或曾經做過的事。

然後還有一個大大的否決標籤：我做不到。

誰說的呢？是個愛批評的人？是一位「朋友」，還是你的家人？又或是一個紙上談兵的專家？

只因為有人說無法做到，並不代表你做不到。這通常意味著他們不知道怎麼做，或是他們失敗了，又或是他們根本不希望你成功，因為這會讓他們難堪。

又或者，他們非常在乎。

關於建議，我有一個簡單的規則。建議可能來自於家人、朋友、指導者、鍵盤俠、批評者、酸民或蠢材。規則是這樣的，非常簡單，遵循這個規則，就是A或B二選一：

A：如果他們是有經驗、經過證實、合格的，而且你尊重他們，那就聽他們的。

B：如果他們不是，那就不要聽他們的

要有禮貌，立場堅定，並且沉住氣。你必須完全了解如何挑選或拒絕，對你來說什麼是適合的，什麼是不適合的，對於你決定相信的事物或人，必須嚴格挑選。要知道他們什麼時候是在宣洩，什麼時候是表達關心（只是缺乏經驗），什麼時候那些建議是有根據而受用的。

當你把這些標籤貼在自己身上時，你開始擁有別人投射到你身上的身分。在某些生活方面，你的標籤是積極、有力量、自信的。你對自己很有信心，你給自己貼上明星的標籤。在你抨擊生活中那些給你貼上壞標籤的權威人物，並指責他們毀了你的生活之前，要知道他們也給你貼上了好標籤。

在許多方面，這些標籤確實會阻礙你的發展，讓你停滯不前。標籤變成了身分，因此你表現出與標籤相關的行為，即使這些行為不是真正的你，即使對你沒什麼幫助，或不是你想成為的人。你的思想會牢牢抓住你的身分，因為那就是你整個人的自我形象和本質；它是防止混亂的秩序。

擁有已經存在於你本身的智慧和自我權威，去挑選你給自己貼上的標籤。當你對自己殘酷時，要善待自己，讓貼標籤的過程不致失衡。當你貶低自己時，要讓自己重新站起來，同時以你的長處和缺點為傲。

別人（和你自己）強加在你身上的標籤不僅和你是誰有關，也與你身處的環境有關。這些標籤可能會被誇大，並且削弱你的自信。當你面對生活中的窠臼和障礙時，你是否給自己貼過以下的標籤？

- 我碰到撞牆期，陷入瓶頸。
- 我肩負著重擔。
- 我淹沒在某些爛事中。

有趣的是，我們完全誇大了現實。甚至不是以一種有趣或增強我們自信的方式，而是以一種完全削弱自身力量的方式。

我是說，如果你撞到磚牆，那會超痛的。你肩膀上的重量又是什麼？一隻大象嗎？而且你能想像淹沒在狗屎之中嗎？不，別去想像。但是當人們感到有點不知所措或面臨小小的挑戰時，他們會在自己身上貼上那些誇張的標籤。

幫自己一個大忙吧！每當你給自己貼標籤，或覺得自己好像在這種處境下時，讓自己跳脫出來。

注意到自己的動作，然後思考事情的來龍去脈。記住3A步驟：覺察（Aware）、接受（Accept）、行動（Act）。至少要對自己說實話，你的標籤會成為你的身分，所以要謹慎選擇你從別人那裡接受的標籤，然後貼在自己身上。當你清楚地知道「自己是誰」，以及「想要成為誰」之後，這一點就會變得更容易（我們將在後面的章節中討論）。

11 自我懷疑

自我懷疑的目的，就和自我價值低下的目的一樣，是為了要阻止你像旅鼠那樣從懸崖上跳下，邁向死亡。對於某些事情，你絕對應該質疑，持保留態度，像是一些你從未做過的事、有風險或危險的事、會讓你被社交圈排擠的事、威脅到你生存的事。

當自我懷疑讓你變得虛弱，使你感到窒息，或僅僅是不恰當時，挑戰就來了。當自我懷疑從實際、有用的懷疑中，好比從飛機上跳下來時沒帶降落傘，蔓延到覺得自己生不逢時、一事無成的自我懷疑，例如要在少數觀眾面前演講。

一旦這種懷疑在不知不覺中進入幻想的領域，一旦它奪走了你的力量和控制權，就會開始出現一個聲音，然後越來越大聲。它們讓你人格分裂，嘲笑著你：

- 一切都會出錯。
- 我不夠好。
- 他們會嘲笑我。
- 我的父母不會以我為榮。
- 我會看起來像個傻瓜。
- 我永遠也做不到。
- 我不配。
- 我達不到期望。
- 成本高，風險大——如果我賠錢怎麼辦？
- 我從來都沒有把事情完成。
- 時機不對。
- 人們會覺得我變了。

這些都是你腦海中的幻想。這些都是你的自言自語，或是你的父母、權威人士在你的想像中嘲弄你，它們是對於過去的虛構和扭曲記憶，是對當下的斷章取義。它們都是你的想像，要多真實就有多真實。在世上的某個角落，在你駕輕就熟的領域中，一個技能不成熟的人，卻莫名其妙地比你還有信心。

我訓練並且幫助過很多人。許多人，並非全部，是在相對較短的時間內成就了一番偉業，他們之前在該領域中的經驗很少。一旦他們達到一定的嫻熟程度，批評者和酸民通常就會從黑暗骯髒的洞穴中冒出來。如果我每次聽到批評者攻擊他們時都能拿到一英鎊（只要英鎊對美元呈強勢），告訴他們，他們根本啥也不懂，那麼我就有可能成為世界上第一位億萬富翁。

儘管批評者擁有很多時間、知識和經驗，但這些人之所以成為批評者，幾乎都要歸因於我們在本書中所提到的恐懼、懷疑和自我價值低下的問題。他們沒有利用所有的經驗，反而轉移注意力，變成失敗主義者，將精力轉向批評他人，透過這樣來讓自我感覺好一些。

我對此感到理解和同情。我們都有這樣的感覺。這不是當事人的反映，而是批評者的空虛、恐懼和標籤的自我反照。批評者也可能來自你內心的聲音；這比任何外在的批評者都更糟。本書稍後將會討論內在的批評者，或是我在《拖延有救》（*Start Now. Get Perfect Later*）一書中稱之為內在的「混蛋」，因為我內心的聲音真的是一個混蛋。

引發自我懷疑的原因通常有兩個：實際、客觀性的懷疑和情感上的懷疑。分清楚兩者的差異是明智之舉。我不是那種喜歡訴諸想像，情緒過嗨，一副正面積極的人。並非所有的自我懷疑問題都是源自於我們從五歲起就背負著的情感包袱。有些只是實際、客觀的懷疑。其他的與深埋心底的情感有關。在這裡分為兩個原因：

一、實際、客觀性的原因：

- 意見太多。
- 選擇太多（導致混亂和不知所措）。
- 未經證實（全新的）。
- 時機不對（真實的，不是藉口）。
- 缺乏必要的技能或資源。

- 有人拖累你。
- 進退兩難的處境，受到不同方向的拉扯。

二、情感上的原因：

- 過去的失敗經驗。
- 自我價值或信心低落。
- 與他人比較。
- 對於自己的表現感到焦慮。
- 害怕被拒絕、被嘲笑。
- 完美主義（從不滿足，因此寧可不要開始）。
- 對於成功感到恐懼。
- 相信批評者和他人對我們的評價。

你還可以採取一些舉動來管理並且控制你的自我懷疑：

- 將重大行動拆解為小步驟，一步一步邁進。
- 把行動當作一種測試，而非最終、不可改變和絕對的結果。

- 盡可能列出行動的利與弊，然後將其排除或納入其中。
- 尋求將其外包給更擅長於此的人。
- 向指導者和聰明的顧問尋求幫助和建議。
- 完成七十％～八十％的研究，然後採取行動（任何行動）。
- 好好地做出決定，而不是反覆考慮正確的決定。
- 不要把自己看得太重，盡情享受。
- 聆聽並閱讀關於果斷的書籍（就像肌肉一樣，可以被強化訓練）。

懷疑在一開始可能是一種明智的選擇，但它會迅速地潛入你部分或所有的生活和身分。小心它可能像滾雪球一樣越來越大。切記不要讓一件小事定義一切，然後變成總是懷疑自己。要注意我們是如何與自己對談的。

在你的內心批評者與內心評論之間，存在著一個小小的，但實際上是很大的語言差異。這些問題將在相關章節中討論，但是現在，請記住這一點：對於你何時應該開始或不應該開始，或者你應該多好、準備多齊全、多有經驗，都沒有一定的標準。所以，不要再懷疑，而要大聲疾呼。不要再躲藏，要開始苦幹。不要再抱怨，開始嶄露鋒芒吧。

12 比較的魔咒

想像一下，假如你找不到人和你相比，如果你覺得自己的價值不比別人低，或是不覺得自己比別人差，那麼你的自我觀感會有什麼不同？

如果你的比較根本不是什麼大事呢？如果你想把自己和任何人相比，也許你能做的最好比較，就是把你自己和以往的自己、還沒達到此刻成就的時候相比，也許你可以把現在的自己和處於人生最低點的你比一比，看看自己已經走了多遠。也許你可以把自己和可能達到的最低點、最糟糕的時刻做比較，就算你還沒達到理想境界，那也會讓你對目前的處境感覺更好。

想像一下，如果每個人都爛透了。老實說，你可能會暗地裡愛死這種情形，並且立刻對自己感覺良好，即使你自己也很爛。

不管其他人有多好或多爛，這完全不會改變你是誰，你就是你。為什麼知道其他人有多好或多爛，就要改變你認為自己有多好的自我形象？這根本不會改變你是誰的現實啊！

我寫這本書並沒有使我對這方面有更多的了解。也許除了如何寫書之外——但這並不是本書的主題！我所知道的就和這本書的內容一模一樣，不論是為出版而寫，或是存成Word檔案，又或是在我的腦子裡。

但人們的看法是，身為一名作者，我對這個主題會了解更多，因為我所知道的是以一本書的形式呈現。還沒有寫書（或者永遠不會寫）的其他人可能知道得更多，只不過從來沒有寫下來。那麼，如果我的書沒有賣出去，我就會覺得自己的價值降低，儘管我所知道的一切、我是誰，一點也沒變。如果我的書很暢銷，我會感覺良好，覺得自己更有價值，儘管我所知道的一切，還有我是誰，這些事實一點也沒變。

做比較也是有益處的，但往往會變成一種「魔咒」，因為我們傾向於關注負面的情況。我們比較會專注於比不上他人的地方，將注意力集中在別人有而我們沒有、別人能做到而我們做不到的。這會讓我們感覺比實際上的自己更糟糕，改變了整個處境。然而，這並不能改變我們的現實，就像一本書不能改變我所知道的。

我們將自己與其他人做比較的原因如下：

- 它是一種外部價值的衡量標準。
- 它幫助我們在生態系統中生存和適應。
- 它是推動成長和進步的基準。
- 它是一種透過社會認同，讓人逃避創新並降低風險的方法。
- 它是一種有價值的反饋機制。
- 沒有其他客觀或通用的基準可以衡量。
- 為了滿足天生想去評估技能和能力，以及進行驗證的欲望。
- 為了給空洞的感受、自尊和價值找點刺激。

所以，就像所有「負面情緒」一樣，「比較魔咒」也有它的功能，只有從單方面、不平衡的角度來看時，比較才會變成一種魔咒。

我們對於「比較的魔咒」抱持著被虐與虐人的傾向，就像看著一個人嘔吐，我們知道他就要吐了。我們最不想看到的就是有人在嘔吐，但我們就是要看著他吐，然後對於他的嘔吐感到噁心，接著又跑去告訴每個人那有多噁心，而且還描述得很詳細。我們明明不想，卻又不自覺拿自己與他人做比較。我們知道這會讓削弱我們的力量，但還是不比不痛快。

我們可以透過以下的方式與他人進行比較：

（與你認為更好的人）向上比較：

- 激勵和激發你想要更多、變得更好。
- 覺得自己沒有價值、沒有能力。

（與你認為更糟的人）向下比較：

- 吹捧自己，使自己感到優越或渺小。
- 心存感激，對自己感覺良好。

以一種更積極、更有成效的方式，平衡利用這些比較的方法，會讓你不再感覺自己比實際上更沒價值。有人說，這也可以透過「佛系作為」或「降低期望」來達到，但我認為還有更具啟發性和進步的方法，可以把比較的詛咒轉化成一種恩賜。這一點將在第三十章以及本書的其他部分介紹。

13 自我苛責

這個世界會把你修理得很慘，所以別自己搶來做。世上的酸民已經夠多了，你不用當最狠的那一個。

當然，如過這麼簡單的話，你也不會自責了。相反的，你會對苛求自己感到自責。你為自己感覺難過而難過，結果感覺更糟了。然後你就為此自責。在此同時，你會對所有的事情產生罪惡感。

我發現，即使我花了十二年的時間，花了超過一百萬英鎊，以書籍、播客、導師制度、策劃小組和靜修的方式投入我的個人發展，如果我犯了錯，我還是會自責，因為我知道怎麼做才是對的，畢竟，我一直致力於個人成長。我真是個失敗者，因為我上了所有這些課程，本該了解自己，在我知道應該怎麼做的時候卻搞得一塌糊塗，知道該做什麼卻又不去做。笨蛋！（我是說我，不是你）。

就像自我價值食人魚一樣，它們的背後有一個功能和目的，可以為你感受到的極端情緒提供平衡和背景。苛責自己的功能（沒錯，它確實有功能），就是：

- 幫助你避免一次又一次地犯下同樣的錯誤。
- 每況愈下的處境讓你的心情跌落谷地，這樣你才會不斷尋求解決方案、成長和進步。
- 因為你還沒學會原諒，或請求（他人和自己）原諒。

苛責自己會讓你振作起來、站出來。你越苛責自己，就越需要挺身承擔，因為問題越嚴重，承受的痛苦就越大。與其因為自責而生悶氣，不如馬上怪罪自己，對暫時失敗的自己說出逆耳之言，快速地自搧耳光，然後將這種內在能量向外轉化，主動採取果斷的行動來解決挑戰。最後的獎勵，就是你感受到的正向情緒。挑戰越大，正向情緒的獎勵就越大。

當我們苛責自己、懷疑自己以及將自己與他人進行比較時，內疚和羞愧是我們感受到最主要的兩大情緒。這是兩種我們容易搞混的相似情緒，它們都是構成自我反饋和糾正的基礎，當我們認為自己對某人或某事造成傷害時，就會產生內疚感。當我們認為自己不配或受到傷害、不討人喜歡、不如他人或無能時，就會感到羞愧。這個功能，就像苛責自己一樣，是自我反饋，以糾正我們生活所遵循，從而定義我們的個人道德以及道德規範和標準。

內疚和羞愧是基於恐懼的反應，有著不同程度的極端性。根據健康心理學家凱莉．麥高尼格（Kelly McGonigal）的說法，我們的大腦有更多的恐懼反應，而不僅僅是廣為人知的戰鬥或逃跑。如果我們相信自己能夠克服困難，我們的大腦就更有可能做出「挑戰反應」。就像其他恐懼反應一樣，為了使我們前進，挑戰反應會釋放壓力賀爾蒙（皮質醇和腎上腺素），但也會釋放催產素，催產素可以安撫我們並激勵我們與他人聯繫，以及可以幫助大腦從這種情況中學習的脫氫異雄固酮（DHEA）。

這就是富有成效的壓力，一種向前推進，行動和解決方案導向的壓力。在這種狀態下，你捲起袖子，絕不忍受欺壓，只管把事情完成。平衡的獎勵情緒混雜著壓力賀爾蒙，引導你找到解決方案。如果你一定要怪罪自己，就讓它變成有收穫。自搧耳光或數落自己會消耗很多精力。將這些內疚、羞愧、壓力和自我懲罰的循環倒轉一百八十度，把這股能量磨練成有建設性的事物，例如：

- 打拳擊沙包，練踢腿，舉槓鈴。
- 即刻去幫助他人，把精力轉化到積極的一面。
- 列出你從自虐中學到的事物。
- 關於這個主題的日誌、影片日誌或播客。
- 找一個你可以信任，對他傾吐所有情緒的人。
- 設計、創造、發明、建造或製造某個東西，把精力轉化成有建設性或有創意的產出。
- 擬定一個宏偉的願景。

即使有些隨意，但採取這些積極主動的行動，總比讓它惡化然後打擊自己好得多。未釋放的羞愧感和過度的內疚感，會導致習慣性的自我分析和自我譴責，從而導致沮喪、焦慮、憎恨或憤怒的問題。當我們無法處理壓力情緒，或是讓它們在我們身上加劇時，便進一步強化了消極自我信念。因為我們不相信自己有改變的能力，於是我們開始不斷做出破壞性行為，形成一個「羞愧循環」。我們求助於暫時解脫的快感，並且對於忽略強烈的情緒上了癮。這個循環在衰退之後還會繼續。

小時候，我們告訴自己，事情出了問題一定是我們的錯；我們的父母沒有按我們需要的方式來愛我們。我們說服自己可以控制他們對我們的愛，我們可以發洩在自己身上並且懲罰自己，因為這比懲罰別人更容易也更安全。如果表達出情緒，我們可能會擔心遭受報復和拒絕。我們可能會把愛和接納推開。在沒有人懲罰我們的情況下，我們就苛責自己，這樣我們就可以在犯錯之後再次愛自己。

我相信，把這些可恥又令人痛苦的情況轉變成「正面的壓力」或「挑戰反應」是有可能的，你只需要把這股力量由內轉向外，從消極轉向積極。

我說「只需要」，聽起來很簡單，但這並不容易。你知道自己喜歡做的事情，喜歡製造、創造、建立和分析並沉浸其中的事情。我曾經滿懷熱情地投入在自己的新創事業，幫助自己度過孤獨。我把自己的播客和社交媒體當作一個管道，在上面發洩和抱怨這個世界每天丟給我的鳥事，表達我本來會壓抑的情緒。

這點將在第五部分做進一步的探討。

14 害怕成功

這對許多人來說似乎很奇怪，但對某些人來說卻是正常的。成功的悖論在於，一旦成功了，就會有某程度的期望在那兒，不可辜負。許多人擔心，自己一旦成功，人們將會怎麼看待自己，彷彿他們已經改變了，或是忘記自己的出身，變得一副高高在上的模樣。

人們可能害怕被批評或嘲笑，或是害怕自己是冒牌者。這可能會讓你覺得自己是一個被正常環境和朋友圈拋棄的人。許多人覺得他們想要融入其中，而成功會讓自己太鶴立雞群。

我們可能會有與成功相關的恐懼情緒。比如害怕冒險，或是更糟——害怕失敗。畢竟，我們越成功，潛在的失敗可能性就越大，公然遭到羞辱的可能性也越大，失去的也會越多。需要做出更大的犧牲、要承擔的責任更多，要求你的人也會更多。你能應付所有的期望嗎？

一旦成功了，就沒有別條路可走。再也沒有其他可實現的目標。這對某些人來說很可怕。也許在山頂眺望的景色，其實根本不是你長久以來夢寐以求的？或許留在頂端會有很大的壓力，其他人可能會為了將你拉下第一名的寶座而與你搏鬥。如果我們不爬到那裡，我們就不用努力達到某些人的期望或某些事的標準。我們不必面對這個事實：沒有「永遠幸福快樂」或是永久成功的完美狀態。「普通的生活」輕鬆而舒適。而成功既複雜又讓人感到不自在，甚至很可怕。

有些人只是覺得自己不配，而且也無法承受隨之而來的一切。

從實際的角度來看，成功會佔據你的時間，改變你的日常生活，這可能會帶來不便。它可能會讓你遠離朋友、家人、興趣、健康和健身。

成功意味著身處在一個新的環境。像動物一樣，人們因為自身的安全面臨風險和威脅而害怕處於新的環境之中。這一點起了很好的作用，而且是絕對正常的。這是一種自衛機制，阻止我們進入未知的世界。你應該對新環境抱持著一種程度適中、考慮周全的恐懼。

最大的恐懼之一是，一旦成功之後，我們就變得不討人喜歡。許多對評判、改變和期望的綜合恐懼，都與害怕別人如何評判、嘲笑或不愛你有關。這是我們最深的恐懼之一，因此，追求成功可能會帶來痛苦。

對某些人來說，這是在長大過程中，受到可能是來自父母或權威人物的心理創傷造成的結果。例如，妻子害怕比自己的丈夫更成功，或者女兒害怕比自己的母親更傑出，他們擔心丈夫、母親會收回他們的愛或認可，以此懲罰自己。關於這一點，稍後會有更多的討論。

對於成功的恐懼，諷刺的是，當我們所擔心的未來如此遙遠，在我們真正到達目的地之前還有好長的路要走，恐懼卻常常讓我們裹足不前，成為我們行動的絆腳石。至少給自己一個機會去淺嘗成功的滋味吧！試驗看看，在你完全將成功的念頭抹去之前，先弄清楚它到底是什麼樣子。

反正實際上的成功會與你以為的有差異，那不如就順其自然吧！在你想像中很難的事情，實際上並不難。你以為簡單的事情，實際上也沒那麼簡單。你計畫中的事情無關緊要，計畫外的事情反而會殺出來，讓你陷入困境。當你只注意到成功不利的一面時，請留心尋找平衡的觀點。

當然，成功需要付出代價，必須有所犧牲，這點無庸置疑。但是留在原地所付出的代價和犧牲是什麼呢？那就是你可能會錯過：

- 所有你想要的東西，還有更多的錢。
- 所有的自由、選擇權、自主權。
- 來自你的粉絲、追隨者和客戶的讚美、吹捧和愛慕。
- 你能給予家人、他人和你自己的好意、金錢和時間。
- 成為最好的自己。
- 世間的冒險、旅行和奢華。
- 出色的人們、門路和人脈。
- 和家人、朋友相處、擁有嗜好的時間。
- 不是因為你必須而工作，而是因為你想而工作。

- 自我價值提高。
- 更具吸引力、容光煥發且富有魅力的你。

所以，你想要付出什麼代價？你想要做出什麼犧牲？

行行好，等你攻頂後，再來評斷成功到底是什麼樣子！

怕人們說「你變了」？你當然已經變了，誰會想和十年前的自己一樣？你的價值觀、道德觀和行為準則可以和從前一樣，但其他的面向可以更加進化。

除了「討厭你最大優點」的人，其他人都會喜歡你。他們會佩服並尊重你。你會是那道激勵他們生活得更好的光芒，這種感覺棒極了好嗎？

如果你發現，當你到達令人暈眩的成功頂端時，你討厭這種感覺，一點也不想要如此，沒問題，只要交給我，我會幫你處理的！

15 達成他人對你的期望

他人的期望，特別是父母和有影響力的權威人物，可能會帶來一大堆壓力。讓你感到不忍辜負的人，通常並不是你自己，而這可能會讓壓力和伴隨而來的焦慮與內心衝突更嚴重。

我小時候體重過重。不，我根本就是個胖子。事實上，我是學校裡的胖子代表。如果我是第二胖的，我就可以躲在某個地方（或某個人背後），但我不是。我是最胖的小孩，有夠慘的。二十五年後，我依然帶著一些十二歲時肥胖的包袱。我想要讓我的爸爸感到驕傲，爸爸喜歡橄欖球，他希望我也能參與。

所以，我打橄欖球。我當然是擔任支柱前鋒，因為那是胖小孩的位置。每一個新賽季都會發運動服，即使是最大號的衣服，對我來說還是太小。我得拚了老命才能穿上去——那就像魔術表演的緊身衣。那時候的衣服沒有彈性，害我肚子的下半部分都露在外面。

我可能是當年度第二或第三慢的短跑選手。每次田參加徑運動，我都會奮力衝刺，胸前的肥肉就會晃來晃去，其他孩子都看著我竊笑，好像我在糖漿中困難跋涉想要跑向終點，跑完一百米得花上一個半小時。

每次橄欖球比賽，我爸都會參加，我喜歡他來，別的孩子也喜歡他。他經常參與團隊談話以及一些訓練，不像那些找架吵、大聲咒罵的討人厭爸爸，而是一個樂於助人又激勵人心的人——身為他的兒子我很驕傲。

但我他媽的痛恨橄欖球！我討厭自己肚子和胸前的肥肉。我討厭自己已經很努力了卻還是跑不動。我討厭寒冷和潮濕。我討厭抱住其他人，討厭鎖球員從我後面和我爭球。其中最糟的是，我討厭其他孩子嘲笑我！我幾乎成了所有胖子笑哏的主角，就算他們不是在笑我，我也會自己對號入座，因為我整個人已經變得偏執。

我打了三個賽季的橄欖球，但在球場上的每一分鐘我都很痛恨，除了很難得我達陣得分的時候（通常是在距離得分線幾碼處有人傳球給我），我會撞倒十五個瘦弱的孩子（還有裁判），感謝我坦克般的衝力所賜。我會在至少一個學期之前就開始擔心橄欖球季的到來，因而毀了我三分之一的學年。

我打橄欖球只是不想辜負爸爸的期望。我覺得爸爸看我打橄欖球是一種愛的表現，我想讓他為我感到驕傲。他不像某些父母，他不會給我壓力——他只是以為我想打球——我們從來沒有討論過，因為當時的我們並不會談論這些。事實上，在這裡講述這個故事可能是我第一次完整地吐露出來。

為了不辜負爸爸的期望，為了得到他的愛，我經歷了所有的痛苦，從不質疑自己做的選擇。但我知道，不管我打不打橄欖球，他都會愛我。過去的我從來都不明白這一點。我覺得自己必須做他希望我做的事，而且要做得夠好。

這是不容易的一課，我花了二十多年才學會。你不必努力達到任何人對你的期望。如果他們愛你，不管你是誰，他們都會愛你，他們會愛本來的你，不論你做什麼，只要是合法、符合道德標準的，他們都會愛你。即使不是，我們都會犯錯，他們很可能會原諒你。

我們尋求他人的愛和認可是很常見的事，因為身為人類，我們需要愛，這是我們進化的優勢之一，但它也會導致帶有條件的愛的矛盾情緒、讓人失望的壓力、導致我們需要他人愛我們或認可我們的行為。

害怕得不到愛，就像害怕成功或害怕和別人相比，有時會強烈到讓我們做出蓄意破壞的行為，像是花了三年的時間從事一項你憎恨的運動，還穿著過於小件的衣服。

你是一個獨立自主的人，不需要滿足任何人對你的期望，只要你按照自己的價值觀生活，做著道德上正面的事，然後感謝那些敬佩你、愛你並尊重你的人，甚至還要感謝反對你、與你作對的人。你不需要他們的認可，你只需要自己認可自己。你需要自己的愛，而非他人的愛。

需要被認可的這件事也有一些好處，得到身邊的人的愛可以帶來更多效益和積極的影響，我們將會在第二十四章中進一步討論。

16 完美主義的悖論

完美主義經常被當作一種榮譽勳章，彷彿它是個偉大的象徵，好像只要有任何不完美的人事物，都是一種失敗。

在求職面試中，關於說明自己「弱點」的那題，我最常聽到的答案之一就是：「我是個完美主義者。」然後面試者就把這點變成一種優勢：「但這讓我的工作表現極其出色。」然後你雇用了他們。六個月之後，他們離職了，因為他們的腦袋根本就是漿糊，他們沒辦法接受任何東西不在該放的位置上，誰叫你動了他們桌上的鴨子？

期望的壓力、對失敗的恐懼、愛比較、社群媒體的濾鏡、修圖、化妝品和大肆宣傳的成功故事，在在加劇了完美主義的魔咒。完美主義的矛盾點在於，越具有完美主義，就越會覺得現實不完美。絕對完美的高度與冷酷現實之間的距離越大，壓力就越大。在極端的情況下，這會演變成強迫症，進而引發人格障礙、飲食失調、社交焦慮、工作成癮、藥物濫用、自殘和憂鬱症。

如果你認為自己有這種極端的情況，請尋求專業協助。如果你發現自己快走上這條路，本書應該能幫助你重新掌控局面。

我可以給自己施加極大的壓力，好達成荒謬的期望，並且經歷完美主義的荼毒，但這一點也不好玩，而且大多是自己造成的。

我常覺得自己很迷信。我內在的聲音會嘲笑我回家檢查是否出門時有關燈，或按照特定的步驟行事，可能是把床鋪成特定的樣子，或者做任何事之前要先花很長的時間整理排序，走在人行道時不能踩到裂縫，又或是走同樣的路線去火車站。還可以更極端的：像霍華．休斯（Howard Hughes）式的清潔和不停洗手。還有典型的在牆上掛照片、整理家裡的方式、衣櫃中衣服按顏色排列。我內在的混球甚至會說：「如果你不回去關上門，你兒子就會被綁架。」

我們因為每個小缺陷而過分怪罪自己，那些不會讓很多人煩惱的小事——甚至其他人根本都沒注意到。實際上根本無傷大雅的小事，還有那些我們無法控制的小事……我們非常執著於這些，只因害怕失敗、被嘲笑或被批評。這種感覺逐漸增強，越來越執著。我們覺得有必要控制好一切。

我們一點一點地貶低自己，侵蝕內心的平靜。我們批評自己每一個微小的缺點、失敗或表現不佳。我們心想：要是我這麼做，要是我沒有那麼做，那麼結果就會是完美的。

但事實並非如此。

完美主義的悖論在於，我們是「完美地不完美」。我們都是剛剛好地不完美，並沒有問題。我雖不完美，但卻獨一無二。我們也會犯錯，我們需要努力去成長、學習，並且抵抗一成不變和不進則退。

追求完美主義，可以促使人不斷進步與優化。但若是讓它擊敗你，很快地它就會變成緊箍咒。

有時候，少一點期望、甚至沒有期望，都比完美主義帶來的痛苦要好。這並不意味著不努力，它只是縮短期望與現實之間的差距。如果你知道明天就會死去，那麼醒來的每一天就成了最棒的禮物。你只會為最重要的事情而活。只控制你能控制的部分。學著放開無法控制的。試圖控制外部因素、結果和他人，會加重完美主義的痛苦。至少在你自己的情況下，你可以做點什麼。但試圖控制你無權掌控的部分，無疑會讓你感覺不好，更糟的是，讓你感到不安。

在結束時或開始之前，你需要事情越完美，就越難動手開始。完美主義是進步的詛咒。追求專業和個人的卓越，而不是完美。就像我之前說過的「先求有，再求完美」！

我一而再，再而三地編輯我的書《駕馭金錢》（*Money*）。花了我好幾個月去改寫，我以為每次編輯我都會更開心，希望每次都能有所改進。但每次編輯，我應該減少字數時，我會刪去五千個字，又加入五千個字。經過五次編輯，這本書還是比出版社預期的多出七萬個字。我被搞得頭昏腦脹，最後不得不放手。謝天謝地，我的出版截止日期到了，否則我可能在自己的葬禮上還在編輯。出版社有很棒的文字編輯。我已經盡了全力。我做的已經夠多了，是時候放手了。一開始我覺得很難，但現在容易多了。現在我都編輯兩次，接著讓一群評論家編輯最後一次，然後就送到出版社那裡，我便放手。

如果我可以學會做到這一點，我就可以把它應用到生活中其他我有強烈控制欲望或不滿意的領域。

你到達了完美主義的一個境界，在那裡，事情並沒有變得更好，它們只是變得不一樣了，或是更糟——是你讓它變成如此的。

我一直在調整我高傳真音響設備的升級。這是完美主義者的天堂，我試播了一個又一個的喇叭，幾乎沒有試聽就買了一對五萬三千英鎊的喇叭，認為它們可以完美呈現音樂。逛了許多店家之後，最終我原本就有的那一對喇叭反倒成了最優的。不要陷入收益遞減或偏執完美主義的境地。

反正完美也很無聊。你會失去目標，你會無處可去，沒有成長的空間。人們會被你的缺點所吸引（好吧，不是全部的人）。沒有人和完美產生共鳴；他們認同的是真實的人。

17 注意：你所做的事並不能代表真正的你

有些人把大部分或全部的自我價值都寄託在他們所做的某件事上，可能是工作、當家長、一項天賦或技能，或是引人發笑。也可能是你的事業、你的知識，或是你的社會地位。

把所有的自我價值都附著在一件外在事物上，對自我價值來說是非常危險的，因為如果那件事失敗了，你就失敗了。如果你失去了那一件事，你不僅會失去那一件事，還會失去對自己身分的認知——那就是一切。你讓自己變得無足輕重，一個失敗者，一個不值得的人，因為除去那項事物後，你一無是處。

當你的孩子離開家裡、事業垮掉，被解雇或退休，或者你的才華因為年老、受傷或過時而消失時，接下來該怎麼辦？你所做的事情已經不在，剩下的只有你——真正的你。**只要將自我價值和所做的事情區分開來，你就充滿了無限的潛力。**

你所做的是一種單一的行動，或者一系列的行動，導致單一的技能或結果。這是構成你身分和存在的無數事物中的一個行動或技能。無論你做得好或壞，都不能代表你這個人。

史蒂芬・金（Stephen King）的第一本書《魔女嘉莉》（*Carrie*）遭到三十家出版商的拒絕。華特・迪士尼（Walt Disney）被報社解雇，因為他「缺乏想像力和好點子」。歐普拉・溫芙蕾（Oprah Winfrey）在第一份電視工作中被解雇了，因為有人認為她「不適合電視產業」。溫斯頓・邱吉爾（Winston Churchill）小學六年級時被留級，老師認為他是個「笨蛋」。傑瑞・賽恩菲德（Jerry Seinfeld）第一次登臺表演時就被觀眾噓下臺。

你不是一個錯誤，你只是犯了一個錯誤。你並不是一個失敗者，你只是失敗了一次或是偶爾失敗，甚至很多時候都失敗罷了。反過來說，你也不會是個成功者，你只是成功了一次。如果你曾經因為自大而吃苦頭，你就知道那種感覺。「我做了糟糕的事」和「我是個糟糕的人」，兩者差了十萬八千里。請搞清楚兩者的差異，不要把任何失敗「針對個人」去想。在現代社會，人們比一百年前更加長壽幾十年，獲得資訊的速度也比以往任何時候都快，你可以對自己進行多次改造。一生中注定只能從事一項職業的日子已經過去了。

運動員可以成為教練，孩子可以成為社交媒體的名人，學生可以成為老師，政治家可以成為專題演講人……改變職業的選項和能力，比以往任何時候都更好、更大。你甚至可以把擾亂生活的事件當作一個教訓，甚至是一個機會。史提夫·汪達（Stevie Wonder）是個盲人。貝多芬（Beethoven）失聰後寫出了一些他最好的作品。戴夫·馬斯泰恩（Dave Mustaine）在被踢出《金屬製品》（*Metallica*）樂團後，找人合夥，組了麥加帝斯（*Megadeth*）樂團。

事實上，有越來越多人接受這種職業的靈活性。

人們經常有意改變自己的職業、生活方式和住所。他們不希望受到任何標籤或位置的束縛。天啊，我是說，阿諾在三個毫不相關的領域都出類拔萃。哈里遜・福特（Harrison Ford）在當演員之前做了十五年的木匠。米基・洛克（Mickey Rourke）在受傷被迫退休之前是一名職業拳擊手。約翰・葛里遜（John Grisham）在成為作家之前做了十年的律師。

大自然中不存在真空。一扇門關閉了，另一扇門就會打開（請自行腦補其他關於機會的陳腔濫調）。

你擁有無限的內在價值，失去的東西可以再找回來，而永遠失去的東西，就算沒有了也沒關係，你也沒有因此變得更差。

你所做的事，永遠無法代表真正的你。

18 不重視自己的後果

如果連你都不把自己當回事，那其他人為什麼要重視你？如果連你都不相信自己，那為什麼其他人要相信呢？

想像一下，你去參加一場求職面試，然後說：「嗨，我是戴夫，我一點價值也沒有。我一無是處，一文不值。有任何職缺嗎？」想像一下，向某人募資時說：「嗨，我是翠西，我看不起自己，但你能借我一些錢嗎？」

在你精通的領域中，你可能認識一個比你了解更少的人。這個領域可能是你的專業或熱情所在，而這個人可能是你的競爭對手。有人可能對他們有些了解，也許他們很大膽、傲慢，樂於「假裝自己很懂」，直到他們成功。雖然這些人的成功並不總是那麼持久，他們卻可以快速入門。你可能會認為他們都在胡說八道，那些鬼扯淡可能真的惹惱了你。然而，如果你百分百誠實，其實你是很欣賞的，你會暗地裡希望自己也能如此，有些事情還能讓你從中學習。

如果要把你的血汗錢借給別人，你寧願把錢借給一個相信自己的人——即使他們有些自大，或是沒有多年的良好信譽。還是你會借給一個對自己沒有信心，覺得自己沒有價值的人？

重視自己並不是傲慢或自戀，而是了解自己的價值和重要性。了解並掌握自己的特點和技能，充滿信心地向世界展現自己，讓大家知道你值得這一切，你可以承擔責任，可以解決問題。向世界展現這一點（這世界需要你的證明），但你首先得做給自己看。

在我的《生活槓桿》（*Life Leverage*）一書中，我分享了一個關於畢卡索的故事，我希望在我缺乏自信和自我價值時就知道這個故事：

畢卡索正坐在巴黎一家咖啡館裡，一位仰慕者走近，問他是否願意在餐巾紙上畫一幅速寫。畢卡索禮貌地答應了，迅速地完成作品，然後把餐巾紙交還給他，但是他開出了極高的價格。仰慕者驚呆地說：「你怎麼能獅子大開口？這才花了你一分鐘耶！」

畢卡索回答：「不，這花了我四十年！」

而你也是如此。

你花了一輩子成為一個獨特的人，擁有著獨特的技能、天賦和經驗，當中包括你傑出的特質，還有與之平衡的空缺和弱點。

其他人都為他們畢生的工作和價值感到光榮、驕傲，他們都在包裝並販賣自己的工作和價值，你為什麼不能？我們都喜歡引人入勝的故事，從別人的人生中獲得啟發，所以務必確保你在向全世界訴說你的故事。你的人生故事讓你充滿價值、經驗和智慧，這些同樣也能為他人的生活帶來啟發並增添價值。

更深一層來說，如果你不愛自己，那麼別人也很難愛你。我說的不是那種假正面的愛，而是真正的「愛自己」。

你不能給出自己所沒有的東西，所以為了獲得更多的價值和愛，你需要先讓自己充滿這些東西，而不是從外部尋找。

在第三部分會有更多這類議題的討論。

在財務層面，如果你不重視自己，你就不會重視你為自己事業帶來的價值。你不會重視自己的時間，也不會把你的自我價值反映到合理的高價上。你會工作過度，索價過低，無法吸引到合適的客戶、老闆或公司。你的收入不高，因為你覺得自己配不上。在第六部分會有更多關於自我價值和金錢價值的討論。

我們苛求自己、貶低自己，我們沒有掌握自己的價值。畢竟，你有實際列出自己的優點多少次呢？每一次出現打擊自己的想法時，你會立刻點出至少一個自己的優點嗎？許多人在內心裡花了很多時間來回顧他們做錯的事、犯下的錯誤和缺點，但你又有幾次是坐下來，好好列出關於自己的優點呢？

這不是一本練習手冊，但對你來說這也不是什麼不好的練習，對吧？如果你每週都這麼做，或是每次責備自己的時候都這麼做，你對自己的看法會有何影響？

說到這一點，我們經常發現自己把事情搞砸，我們是差勁的父母、壞老闆、不懂理財的人、壞朋友、糟透的夥伴、爛人……但你又有幾次發現自己做得很好？你有多少次為了自己做得很好的小事或大事停下來稱讚自己？「羅伯，你昨晚真是個好情人（如果昨晚是在一九九五年）。」許多人幾乎不曾讚許過自己。

如果你是一位家長，你沒有對孩子大聲吼叫的一天就是很棒的一天，你就值得一枚「年度優良家長」榮譽勳章。如果你經營一家企業，每年仍然保有償付能力，那你便克服了極大的困難，你就應該把員工聚會變成一場大狂歡。（就等著那些關於我愚蠢類比的投訴和一星評論吧，但是對此我抱持著極高的自我價值，哈！）

生活可能很艱難，很多你視為理所當然的事，其實你都做得很好，應該引以為傲。重視你自己，世界也會重視你，因為這個世界就是反射你和你所認知的一面鏡子。想像一下，你不去苛責自己，而是讓自己振奮起來。想像一下，你不是自己最嚴厲的批評者，而是自己最大的粉絲。關於這點，會在第四部分提到。

19 冒牌者症候群

你是否曾經覺得自己是個騙子？或者總有一天會被人「抓包」？覺得自己不配？覺得自己最後會失去一切？覺得自己沒有足夠的能力來維持目前或永久的成功？

你是否曾經認為自己最好離開或放棄，因為一切很快就要崩裂瓦解？無論你做得多好，永遠就是不夠，你也無法擁有自己的成功。你經常放棄自己擅長的事情，因為這樣你就不必承受壓力和期望。你把自我破壞作為自己的失敗保險。

對於以上的描述，他們給它一個名稱，而這也就變成了「一回事」。

「冒牌者症候群」（又稱為冒名頂替現象、冒充主義、騙子症候群、冒名頂替經歷）是一種心理情結，在這種情結中，個體對自己的成就產生懷疑，對於自己被揭發是「騙子」抱持著持續的內在恐懼。儘管有外部證據顯示他們的能力，經歷這種現象的人依然堅信自己是騙子，配不上他們所取得的成就。

人們經常覺得自己是個「冒充者」，不公正地將自己的成功歸因於運氣好，或是覺得自己在唬人，讓他人以為自己比自己認為的更加聰明。有趣的是，這並不是一種精神疾病，但卻有著聽起來像精神疾病的名稱。

產生這種感覺的原因包括：

- 對你或你的工作，缺乏正面反饋。
- 自尊和自信心低落。
- 儘管已達到許多成就，仍對失敗充滿恐懼。
- 覺得自己不夠格。
- 完美主義的悖論，對完美的渴望使我們對自己的行為不滿意，或因此陷入無所作為。
- 自視過高或不切實際的期望導致失敗感。

- 智力詐欺（有些人確實誇大了，所以是真的害怕被揭穿）。
- 可能因為犯錯而受到公開批評、懲罰或羞辱。
- 帶有條件的價值或愛，只能透過高成就或成功才能獲得。

當我開始投資房地產時，我們的甜蜜期大概只有五分鐘，緊接而來的是二〇〇八年的經濟大蕭條。周圍的投資者和公司紛紛退出。我們既年輕又「瘦小」（我是說資本額，不是指腹肌那種），雖然有時很困難，但對我們的影響並沒有像對大公司造成的那麼嚴重。我們是少數存活下來的幾家公司之一，幾乎自然而然地在市場上變得舉足輕重。

這場災難帶來有利的一面，我們從那些奮力搏鬥的人身上學到很多，降低我們的營運開銷，把錢存起來。但這確實讓我們產生了一些恐懼，擔心下次可能就會發生在我們身上，這一次我們只是走運罷了，我們其實不配、也沒有真正贏得現在的高位。

有趣的是，我們總是能在每件事中找到不利之處。這些「冒充者」的情緒讓我們保持謙虛以及對成功的渴望，提醒我們為將來的挑戰和突發事件做好計畫。

要進一步處理並戰勝冒充者的感覺，請試試看以下的方法：

- 管理好你的自負和期望，讓它們更加平衡、更實際。
- 專注於貢獻價值和幫助他人，以使自己感到被認可，有價值。
- 列出五十到一百個你的優點，以及為什麼你值得獲得成功。
- 停止以不平衡的方式與他人進行比較。
- 將所有的追求和成功視為進度測試，而不是最終的目的地。
- 要明白，你所做的或沒做到的，都不能代表真正的你。
- 這個世界需要你的技能和天賦，所以不要蓄意自我破壞來拒絕他人。
- 想清楚你對未來的願景、遺留給後人的事物，以及你希望人們如何記住你。
- 如果冒名頂替症狀變得嚴重時，把那些想法都寫下來，當作是一種自我治療。如果在夜深人靜時感受到嘲弄，這也可以幫助你入睡。
- 要知道，沒有人知道你內心的想法、感受和恐懼
- 練習享有並感謝你獲得的勝利、成功和讚美。為它們慶祝一番！

● 尋求專業人士、朋友、顧問和指導者的幫助，並與他們分享你的感受。

要知道，我們都在與自我價值搏鬥，甚至是你的偶像和名人也一樣。如果你有這些冒牌者情緒，把它們命名為外在的「事物」可以將它們與你畫分開來，並且把它們當作真正的冒名頂替者，驅逐出你的腦袋。但是要小心不要給它們貼上太多標籤，以至於賦予它們一個身分，然後又成了它們的主宰。人們可以把這些標籤當作某種藉口或批准，但這並不能帶來什麼收穫。

每一次害怕被發現的恐懼再度出現時，就想一想如果你越成功，你將會獲得的所有一切，以及如果讓冒充者說服你放棄追尋目標和自我價值，你又會失去些什麼。

20 每個贏家都曾是菜鳥

每位大師都曾經是一場災難。

當你拿自己和他人比較，崇拜偶像，跟強者的成就相比，懷疑起自己的能力，或當你給自己貼上標籤，苛責自己又不把自己當回事時，就很容易會忘記每個人都曾經是菜鳥這個事實。曾經有一天，連你的偶像都沒有經驗，不知道自己在幹嘛，甚至落後於現在的你很多。

我們都是從某個地方開始的，即使是那些讓一切看起來優雅而不費吹灰之力的成功人士。他們常常要花上幾十年的努力才能讓這一切看起來那麼簡單。沒有人生來就是這樣的天才，他們只是在出生時帶有成為天才的無限潛力。老虎・伍茲（Tiger Woods）並不是打從娘胎出生就能擊出三百碼的飛球。除非科學家找出決定「世界第一高爾夫球手」的確切染色體，否則我不會相信任何人天生就具有預先決定的技能或職業。

技能和職業是透過多年有明確目標的訓練，聰明而有效率的努力工作、經驗、教練和指導者、犯錯和失敗，以及不斷的反饋和改進而學習、發展而來的。

當然，也會有身體和生理上的限制，例如五英尺高的籃球運動員無法灌籃，或是單臂的高爾夫球手沒辦法參加最高層級比賽……但是且慢，泰隆·「麥斯」·波古斯是美國國家籃球協會（National Basketball Association）有史以來最矮的球員。身高五英尺三英寸的波古斯，在NBA十四個賽季的職業生涯中為四支球隊擔任控球後衛，包括在夏洛特黃蜂（Charlotte Hornets）的十個賽季。他三次在單場比賽獲得二十四分，這對於一個身高被認為不足以打籃球的人來說，成績還算不錯。

湯米·莫里西是我最親近的人之一，他和我兒子同年，是一位天賦異稟的高爾夫球選手。湯米在美國兒童世界高爾夫球錦標賽（US Kids World Golf

Championships）中排名第四。他和其他參賽孩子的不同之處是，他出生時只有一隻手臂，只用左臂揮桿。

所以即使受限於嚴重的身體限制，只要是人類可以做到的，你也可以成為任何你想成為的人。那個你想成為的人、你想在事業上和他一樣成功的人，或是擁有一樣淨資產的人，這些人沒有一個是十全十美的。你所欽佩之人的技能和特質，好比說，「魅力」，也不是與生俱來的。別人做的你也都做得到，只要堅持不懈，再加上有明確目標的長期訓練就可以。

即使因為身體上的限制，使你無法達到完美境地，即使是在這種極端狀況下，你仍然可以往完美邁進，或是做類似於此的事。希望成為職業高爾夫球手的人可以做一名優秀的教練或球場設計師。想要成為音樂家的人可以是一位優秀的製作人或經紀人。

與其把自己與大師和強者所處的位置做比較，或者與他們達到的巔峰做比較，你可以把自己與他們在你現在這個階段的情況做比較。他們可能就在你現在的位置上，甚至落後於你的地方。就在我寫下這句話的同時，阿拉斯泰爾・庫克

（Alastair Cook）正結束了他破紀錄的英國板球生涯。他幾乎打破每一項紀錄：英國選手總得分、世界左手擊球員紀錄、世界上所有開球手紀錄、在歷史得分排行榜排名第五。

人們公認庫克並不是最有天分的球員。他的技巧有限，在某些情況下甚至不完美，他的擊球距離也不如其他優秀的選手。但是庫克在自己的技能範圍內努力，非常清楚自己是誰，並且成為最優秀的自己。庫克是我們日常生活英雄的最佳例子。當然，大多數打板球的人永遠不會像庫克那樣，但會有更多「有天分」的球員達不到他的境界。

你可以將自己和剛開始的時候做比較。在武術中，即使只有晉升一級，也比白帶強。在我小時候上的武術課中，如果你已經晉升三或四級，就可以配對教導白帶幾個動作，即使你只參加訓練了幾個月。如果你花點時間回顧過去，通常會驚訝於自己已經走了這麼遠。

你可以選擇一個擅長的領域，也就是那些你已取得成就或精通的領域，將這些經驗和知識轉化成你的新領域，或者更好，轉化成你的自我價值。你可能是個很棒的家長，但剛剛開始一項兼職事業。你可以從自己身上的強項中學到什麼，並且將它運用到新的職業或技能？當然，模仿強者的特點是很聰明，但你可以直接模仿自己。這對你的自我價值很有益。

最後，不要將所有的時間花在希望自己是優秀而富有經驗的，從而忘記享受你現在所處的位置。我們可能花太多時間在展望未來，以至於忘記當下要好好呼吸。我們錯過了擺在眼前的禮物。我記得在二〇〇七年一月。我創辦了自己的第一家公司——漸進地產（Progressive Property）。我是如此渴望成功，夢想擁有成千上百座房產，成為千萬富翁，以至於在至少三年的時間裡，我從來沒有真正讓自己全神貫注在創業階段。我總是想要得到更多，對我們的處境從不滿意。

雖然那有利於提高幹勁、精益求精，但直到我帶著懷舊的心情回首時，我才意識到，當我們剛剛起步時：

- 我們的公司精簡，幾乎沒有任何管理費用。
- 我們可以在當天（而不是下一個會計年度）做出決定並且執行。
- 對未來懷抱遠大夢想，令人備感興奮。

- 我們還沒有遇到任何挑戰，天真地幸福。
- 我和公司合夥人當時都是單身，經常一起出去玩得很開心。
- 沒有員工，意味著沒有責任並且擁有更多的自由。
- 一開始沒有增值稅，所以利潤更高。
- 我們渴望學習，也想要證明自己的能力。
- 我們的恐懼和擔憂較少。

如果仔細觀察，你就可以看到公司草創期間跌跌撞撞的所有優點。我們都是由同樣的東西組成：只要是人類可以做到的，我們都有無限的潛力，可以成為任何我們想要成為的人。每個贏家都曾經是個菜鳥，而每位大師都曾經是一場災難。

21 成為你自己，是一輩子的工作

我希望畢卡索的故事能夠說明，正是你的一生決定了你是誰，你如何評價自己，你開出怎麼樣的薪資、收費，你如何在世界上嶄露頭角。畢卡索的收費和自我價值並不是五分鐘的速寫和餐巾紙上的簽名，而是在他一生中學到的、經歷的，以及創造出來的一切。

因為價值是無形的，很難以普遍的基準來衡量，所以你如何評價自己，就成為衡量你自身價值的唯一絕對標準，它反映在你的價格、薪水和收入能力上。

你花了一生成為一個獨特的人，擁有著獨特的技能、天賦和經驗。你經歷了高潮和低谷。你克服了挑戰。你影響了人們的生活。你犯了許多錯誤並從中吸取教訓。你讀書、學習、旅行和聆聽。別忘了你擁有獨特、具有價值、可轉換的觀點，或者更確切的說，在你一路上冒險和努力時，你要記住這一點。

有時人們會對我說，在社群媒體上有很多「網紅」和「企業家」說的話和你大同小異。他們問我為何認為自己和他們不同。競爭者那麼多，他們如何進入這個領域？答案只有一個，那就是他們不是我，我才是我。

他們不是你，你才是你。當然，有些網紅比你我都有更多影響力和追隨者，但他們並不是你也不是我。

有時我會把自己和他們做比較，因為他們的追隨者是我的十倍，播客的聽眾也比我多。我很少比較他們有多少的房產，相對於我投資並且有合夥關係的七百五十個房產，或者和我的兒子相比，他們七歲的孩子高爾夫球打得有多好。他們也會這麼做，拿自己和阿諾或擁有一億個Instagram粉絲的里奧·梅西（Leo Messi）相比。

他們擅長做他們自己，我欽佩他們，努力向他們學習。我曾經想成為他們，但現在已經不會了。因為我就是我，這樣就夠好了。事實上，這樣很棒。把這點寫下來對我來說很困難，所以你應該也要做這樣的練習：寫下並分享關於自己很棒的事情。當我拿自己和他人比較或貶低自己時，我不得不經常這樣告訴自己：下載數和追隨人數都無法代表我，無論我有一個還是一百萬個粉絲，都不會改變我是誰。

好了，羅伯的心理治療結束，但我相信我並不是唯一一個有這種感覺的人——忘記了所有造就我們是誰的生活經驗，而這已經足以為世界增添重大價值。

我們面對現實吧，其他人都為他們畢生的工作和價值感到光榮、驕傲，他們都在包裝並出售自己的工作和價值，你為什麼不能？有些人甚至一路都是騙來的。我們都有自己的故事，也喜歡那些引人入勝的故事，並且受到他人生活的啟發。所以要確保你在向世界訴說你的故事。你的人生故事讓你充滿了價值、經驗和智慧，這些同樣也能為其他人的生活帶來啟發並增添價值。

作為一個曾經苦苦掙扎的畫家，畢卡索的故事提醒了我，我並沒有因為市場的關係、因為我是菜鳥畫家、我覺得別人只能給到這個價錢，以及因為其他自欺欺人的說詞而減少自己作品的收費；反而是當我低估自己目前的處境，並且低估自己一生中所經歷的一切，才讓我壓低了作品價格，把有錢的客戶拒之門外。關於你一生的工作和自我價值如何反映在價格和收入能力上，在第六部分會有更多討論。

你不必大吼大叫或是自吹自擂，只需要掌握這一點：如果有人讚美你，最好的回應就是感恩地接受，讓讚美者享受給予的快樂。給自己同樣的禮物：珍視自我就是你一生的工作。

別人怎麼看你，重要嗎？

Part 3

22 管他去的！

我們大多數人都相信自己擁有言論自由和思想自由的權利。但是，許多人在受到批評或挑戰，或是當你不同意他們時，他們就成了偽君子，認為別人不配擁有這些自由權利。好像每個人都應該接受我的意見。如果我們想要自己的言論自由和思想自由，那麼我們就必須允許他人享有同樣的自由，無論我們有多不同意他人的想法，又或是我們的觀點和價值觀受到多大的挑戰。

當人們批評、辱罵並憎恨我們時，當然會很痛苦。不管你有多堅強、臉皮有多厚，還是很痛苦。就在今天早上，我的書《駕馭金錢》（*Money*）得到了一星評論。我投入了十年的研究和努力寫出那本書，花了我生命中最美好的一年來寫作、研究、檢查、複查和編輯。

十年前，社交媒體上的一星評論或批評會毀了我的一天。它常常耗費掉我的週末，當我應該不再想著工作時。它會影響到我的人際關係和工作，甚至可以讓我開始懷疑自己到底在做什麼，我是誰。太瘋狂了。

沒有人能讓你擁有你對自己沒有的想法。如果你很容易因為他人對你的評論或想法而感到冒犯、分散你的思路或沉迷其中，那就說明了更有問題的是你而不是他們。

沒有你的允許，任何人都不能讓你感到難過或激怒你。

一旦我站在更平衡的角度，掌握真正的自己，填補自我價值的空缺，而非不斷從他人身上取得時，我便意識到，這些一星評論和所有其他形式的批評，都可以被視為寶貴的經驗教訓：

- 我想知道人們對我的書有什麼看法，以及為什麼對他們來說沒有用，好讓我掌握所有的資訊，為下一本書做出改進。
- 如果我得到所有的五星評論，我的自尊會很高興，但那看起來很假。

- 批評使我保持克制與平衡，讓我在寫下一本書時不會自大。
- 我的粉絲通常不會給我改進的反饋，我從批評者那裡學到更多。
- 負面的評論被討論得最多，因此對我的行銷很有幫助。
- 他們或許能從留下評論獲得一些治療，所以我幫到了他們。
- 評論可以讓我檢查自己的價值觀，以確保我和大眾的想法是一致的。
- 這使我迎接下一次更大的挑戰和批評時更加堅強。

批評者帶有重要的用途（在這一部分的結尾還有更多的相關內容）。除了從批評者、給予你相左意見的人那裡獲得的所有好處，以及這些意見帶給你的感受，其他人的意見，實際上與你想要做的事毫不相干。只要你不同意，他們對你的看法與你是誰無關，也無法造成任何改變。

邱吉爾說：「如果你停下來向每隻吠叫的狗扔石頭，你就永遠無法到達目的地。」

讓別人發表他們的意見，這是他們的權利。你可能誤解他們的意思，也可能認為他們在針對你，但實際上並沒有。當你被別人的意見分散注意力時，你可能會變得情緒化，從而讓意見被斷章取義。

人們的意見重點在於他們而不是你，你只是激起他們內心更深層的情緒。通常，他們因為自己的痛苦而猛烈抨擊，並且相對於你，他們其實更會批評自己。理解這一點，其實可以讓你更加接近批評者，如果你能體會他們，這也有助於你對自己的看法。

除了建設性的反饋之外，不要因他人的指指點點而分散你的注意力，那些都無關緊要。如果你需要他們的認可，本書還有其他章節可解決這個問題。練習放手吧，接受並感謝我們所有人都有言論和發表意見的自由，這才是該有的樣子。將所有浪費在控制他人對你的想法的時間和精力轉移到你的願景、使命和熱情所在。反正別人的意見也不關你的事啊，你這個愛管閒事的人。

23 害怕被批評、怕看起來很傻，怕犯錯……

想像一下，在一個詩情畫意的時刻，你完全不在意別人對你的看法如何。想像那些你以前害怕的事情，現在你都會去做。試想一下，解放所有浪費的時間和精力，釋放你腦中所有的雜念、疑慮和聲音。想像一下。

不管你是誰，人們都會對你有意見。他們對你又愛又恨，會支持你，也會挑戰你，會抬舉你，也會把你拉下。

不管你是誰，不管你說什麼話，都會有粉絲和討厭你的人。你討厭自己的地方，別人會喜歡。你喜歡自己的地方，別人會討厭。如果你改變了，也只會造成不一樣的人愛你，不一樣的人討厭你。

我以前認為，隨著我變得更好，討厭我的人就會變少。哈！我真是個白癡。事實是，隨著我變得更好，我的知名度就越高，我越向世界展示出真實的自我，就吸引越多的批評者。越多人看到我的臉，就越多人討厭我的臉。即使知道我的人之中只有二%的人討厭我，這是一個很低的比率（我相信實際上是超過），一百萬個人的二%是兩千人，兩千個人討厭我的臉。一千萬個人的二%是二十萬人，二十萬個人討厭我的臉。而這是很正常的！

大多數人逃避這一點的方法是胸無大志地躲起來。如果只有一百人認識他們，二%就只有兩個人。但為什麼要保持低調，不向世界展示真實的自己呢？只是為了躲避一些批評者嗎？那剩下九十八個欽佩並尊重你的人呢？如果是九十八萬或九百八十萬人呢？兩千五百多位的五星評論者呢？

人們批評你的地方——你明顯的缺點、古怪和不一樣的地方——正是這些東西造就了現在的你。這就是全世界都渴望的你的獨特之處。九寸釘（*Nine Inch Nails*）樂團和瑪莉蓮曼森樂團（*Marilyn Manson*）在被發現的時候，大多數人都覺得他們很奇怪。但他們也很獨特，很有才華。

班傑明．富蘭克林（Benjamin Franklin）每天早上會打開所有窗戶，裸體待上一兩個小時，他相信這樣可以淨化他的身體，保護他不受疾病的侵襲。（我可能也來試試看！）湯馬士．愛迪生（Thomas Edison）不會僱用任何一個在嚐一口湯之前就先加鹽巴的人。他想僱用那些在採取行動之前先「品嚐」他們假設的人。中松義郎（Yoshiro Nakamatsu）（磁碟片和其他三千項發明的發明者）潛入水下，聲稱「瀕臨死亡」是他腦中浮現最棒想法的時候。你看，我們都很奇怪，但這也是我們的優點。

我十七歲時擁有的第一輛車是白色的佛賀（Vauxhall），輪拱周圍都生鏽了。在我的世界裡，這就是所謂的「老爺車」。它甚至還有一個阻風門，你們這些很酷的年輕人都不記得了。

我想要做一些改造，或是我們以前都會說的「摩登一下」。所以我把車身放低，裝上新的輪轂蓋和K＆N空氣過濾器。通常，我在麥當勞停車時，有人會叫我：「笨蛋」。

我心想：「好啊，我就要證明你們都錯了。我要努力工作，我要犧牲奉獻，全力以赴，然後成功之後買一輛好車，到時候看你怎麼說。那時候你就會喜歡我了。」

幾年的時間過去了，從二十六到三十歲，我就是那麼做的。我拚命工作，（用現金）買了我的第一輛法拉利（Ferrari）F 430 Spider，帶著我一路上開著那輛老爺車時所有的記憶和收到的輕蔑手勢。我把這些都當成動力。

拿到車的那一天，我決定沿著房地產仲介的那條路，以時速兩英里慢慢開過去，好讓大家都看到（我當時可能還在腦海裡唱著威爾・史密斯（Will Smith）的歌）。我在所有年輕的房地產仲介面前停了不是一次、兩次，而是三次。所有的手勢都回來了，我再度被稱為「笨蛋」，這次是來自西裝筆挺的人們。

人們還是會批評你。所以你不如就做自己。你不如就事業成功。你不如就做個有錢人，或是任何你想成為的人，開著你想開的任何車子。

當我單身時（這是我大半輩子的狀態，直到我遇到我的妻子），我經常約會，但不只是尋求露水姻緣而已，而是認真想找到伴的那種約會。

我曾經告訴每個人「我現在不想談戀愛」或是「我一個人很快樂」，這兩個說法完全是無恥的謊言。我不喜歡舞曲。還有儘管我努力嘗試，但其實我並不喜歡喝酒。我覺得很孤單，想要找一個伴。

主因是小時我是學校裡的胖子代表，還是穿三角泳褲最慘不忍睹的孩子，一路以來的心理包袱，導致我有強烈被人喜歡的需求。我對於被拒絕很敏感，以至於從不敢要求任何事情，以防我被拒絕。

快進入二十幾歲時，這個心理包袱依舊強烈地附著在我心底，儘管已經過了快二十年，我的體重也早已減輕。我會和小夥子們出去，站在酒吧裡，整個晚上都在希望泰絲・戴利（Tess Daly）或辛蒂・克勞馥（Cindy Crawford）會走上前來，當面宣示對我永恆的愛。而我一整晚做的就是站在酒吧裡看著所有人。非常偶爾的時候，一個女孩會看著我微笑，我就會低下頭去，或者更糟，仔細看我後方是否有其他人。是在對我笑嗎？不是。好吧，我就知道。

但是和我同行的小夥子們都很喜歡。因為當他們像一群野生動物走入舞池「求偶」時，我會站在吧檯看著他們的酒。他們對於走到任何女孩面前並且跟他們說話完全不感到害怕或羞恥，我就是搞不懂他們是怎麼做到的。那些幸運的混蛋天生就有這個天賦，他們整個晚上不斷地被轟炸也不在乎，甚至還會笑出來。他們還會回去接受更多懲罰。天啊，如果發生在我身上，我會希望出現一個黑洞，把我吞沒在虛無之中。

每天晚上，這些小夥子會被打槍好幾十次，但每天晚上他們都能挽著一個女孩回家——甚至一手挽一個。我就會（在內心）感到憤怒、偏激和嫉妒，然後一個人回家。

多年來，我的內心一直在與這種孤獨感搏鬥，努力理解為什麼有些人不怕被拒絕，不怕自己看起來很愚蠢。事實上，他們似乎還很享受。他們真的很喜歡被轟炸，喜歡看起來「像個笨蛋」。他們以此成功把到妹。我是說，怎麼會這樣？到底是怎麼回事？

我和許多小夥子仍然是朋友。其中一位，我們就叫他菲爾吧，他和我分享了他的心態。我們一起騎長途腳踏車，他會問我如何發展成功的事業，我則是追問他為什麼這麼能夠接受拒絕。他說：「我只是開心地玩。人生苦短，我不會對自己太認真。如果我被拒絕，那是他們的問題，又不是我的問題，他們又不認識我。不用覺得別人是針對你。我不介意看起來很蠢。如果我問的人夠多，一定會有人答應。」

就這麼簡單。

其實並不簡單。這也帶出了一個問題——為什麼我們去酒吧的時候我不問他？其實，我那時甚至連問他也不敢，害怕自己顯得很脆弱或是愚蠢，好像我應該早就知道一樣。連問這個問題我都害怕被拒絕，回想起來好像很傻。

我們對於被人品頭論足，害怕在別人面前犯錯、出洋相的恐懼，早在社會出現之前就已經存在了。

我們從狩獵採集部落進化而來，在那裡，你的部落或氏族對你的評斷，讓你脫離被遺棄或流放的命運。這幾乎意味著必然的死亡。隨著我們的進化，我們發展出非常先進的社交線索和敏感度，以此作為確保安全和避免威脅的方法。

這些東西仍然對我們有所幫助，但威脅已經不一樣了。如今的威脅是社交媒體、和朋友比較、公開演講、考試、報告、找個人出去約會，以及求職面試。我們發現很難將這些放進腦海中思考，因為我們只有幾十年的個人經驗，無法去運用幾千年的人類進化。我們確實無法快速地跟上環境的腳步。

由於我們生活在一個更文明、更安全、管理更完善的社會之中，大多數由自我意識、害怕被評斷、害怕被放大檢視、信心不足、尷尬、屈辱和沮喪等情緒所產生的感覺，都是我們憑空想像出來的事物。這些並不是真的。它們已經過時幾千年，也並沒有發生；都是我們在想像。

你有沒有跟別人吵過架……在你的腦海裡？哈！你當然有。而那不是真實的。你想像出一大堆對方沒有說過、做過、想過的事。但這毀掉了你的時刻，或是毀了你的一天、一星期、一輩子……想像可以毀掉現實。

讓這種事情發生在自己身上有點瘋狂。當別人不是我們的時候，當他們不能理解我們的時候，或者更常見的，當他們甚至不認識我們的時候。以及當我們在現代社會中不會因為被嘲笑而死去時，我們卻接受別人對我們的評論、預測和看法，同樣也有點瘋狂。

我會說，至少有一半的時間，當我以為學校的朋友在背後談論我，「你這個死胖子」、「摩爾身上一圈圈的贅肉比麵包店的麵包捲還多」還有他們說的其他東西（兒童不宜的版本），他們實際上並不是。每當他們耳語、竊笑或大笑時，我總是覺得他們在談論我。我好奇到底有多少次是真的跟我有關？

不要讓那些你被批評或嘲笑的過去事件的強烈情感記憶，影響到每一個當下和全新的情況，那些都不是真的。讓別人對你的看法影響你對自己的感覺，是多麼地無足輕重啊。他們不認識你。他們只是透過自己的經歷來評斷你。如果你讓別人的意見影響你的價值感，那麼你永遠都會是過去的受害者，這將對你的未來產生負面的影響。

雖然我找不到可信的研究報告，但有消息來源指出，人們每個月實際上花不到三十分鐘在談論我們，而我們卻自認為有三個小時。所以人們在談論或想到我們的次數比我們想像的還要少五倍。他們忙碌於自己的事情，根本沒時間去想到你。讓自己從那些害怕被批評、害怕顯得愚蠢、害怕犯錯的恐懼中解脫出來。停止擔心，開始活在當下。做你自己。反正不管如何，他們都會批評你；你還不如擁有你想要的，做你想做的，成為你想成為的人。

24 被認可的需求

我們與權威有著根深蒂固且複雜的關係。這是我們最早的經驗之一，甚至早於思想和語言。無論是在家庭還是社會上，我們都會對保護我們的權威人士作出原始回應。畢竟，我們的生存有賴於被保護免受危險，不管是作為一個個體，還是一個物種，而那些有經驗、關心或愛我們的人是最有能力做到這一點的。愛與保護確保了我們的安全感，受到任何拒絕都會被我們視為一種威脅。

有影響力的權威人物如何對待我們，以及他們憑著權威所說的話和做的事，都會深深影響我們對他們的看法，以及我們對自己的感覺。當他們用友善、仁慈的眼光看待我們時，我們可能會崇拜他們。當他們殘忍、不寬容，剝奪對我們的讚美與認可時，我們可能會反抗、憎恨他們。如果他們對我們態度矛盾、漠不關心，我們會感覺被忽視。即使他們是為我們著想而實踐嚴厲的愛，我們可能也很難接受。

我們很容易受到他人友善、確保我們生存的表現所左右，導致我們對權威產生絕對的敬畏。我們可能會渴望去取悅和順從對方，使我們容易被操縱，易於受到權威人物濫用權力的影響。

相反的，我們可以抵制和反抗權威人物，將他們視為敵人和操縱者。我們可能會拒絕遵守規則和指示，或只是陽奉陰違。有時候，當權威人物努力想提供幫助時，我們可能會過度懷疑他們的動機。其他時候，出於對權威的盲目信仰，我們可能很天真、容易受到操縱，而這也同樣源於童年。

我們回應權威的生活經驗，塑造了我們為自己尋求權威的欲望和條件。如果我們不喜歡權威並反抗它，我們也不太可能想要用權威打壓別人。如果我們曾經受到權威人物的誤導或虐待，我們就不太可能希望自己也成為那種角色。如果我們愛戴並尊重權威人物，我們可能也會渴望從他人身上得到愛戴與尊重。

我們與權威的關係最終會保護我們，但就像所有耗盡或填滿我們自我價值的事物一樣，它們也是有利有弊的。我們與權威的關係各不相同，在某些領域從某些人物身上得到滿盈或匱乏的愛。正面的權威關係帶來的好處有：

- 控制、一致性和安全、在混亂中提供秩序。
- 明確的規則和界線，鼓勵紀律。
- 在壓力的情境下保持冷靜和控制。
- 領導力、生產力、創造力、溝通和凝聚力。

不良的權威關係可能造成的負面影響和結果：

- 父母過度保護導致焦慮和依賴。
- 缺乏社交技能、責任感和韌性。
- 由於自己小時候的需求沒有得到滿足，而無法滿足小孩的需求。
- 世代相傳的不安全感。
- 不一致的權威行為導致混亂和內心的矛盾。
- 缺乏界線導致缺乏意識人情世故的能力，不諳其規則。

本章可能自成一本完整的書，為了使其與自我價值相關，請仔細考慮你與生活中權威人物的關係：

- 你是否有一些不安全感是源自於試圖從權威人物身上獲得愛和關注？
- 你是否想藉由他人填補成年後的空虛，而這些都是小時候沒被滿足的？
- 你是否完全缺乏對權威的尊重，因此過著一種混亂、紀律鬆散、叛逆或自我毀滅的生活方式？
- 你是否以生活中的權威人物為標準來衡量自己？或者是否努力不辜負他人的期望？
- 你是否因為過度需要取悅他人以及獲得他人認可，或者不讓他們失望，而做出或避免做出重要決定？
- 你是否因為害怕他人負面或批評的反應而做出或避免做出重要決定？
- 你是否為了要給他人留下深刻印象或取悅他人，而為他們付出太多，為自己卻做得不夠？
- 你是否在尋求早已不在生活中、早已逝去，或與多年前事件相關的人的認可、接受和愛？

也許你對認可的需求，與你對成功的恐懼，以及別人對你的評斷有關？又或者你不在乎，因為你已擁有你所需要的愛？花點時間想想你與權威的關係，它是如何推動你現在的行為，以及如何將它從束縛轉為解放。

我把尼可拉斯．盧卡．里夏迪（Nicholas Luca Ricciardi）的一段話留給你，這是他對於我在臉書（Facebook）的「顛覆性企業家」社團中發起的一個主題所留下的評論：

> 我想說，順應習俗確實影響了我，我也目睹它如何毀掉我的人生。我會覺得我必須做一些事情，只因為這一種社會規範，或是因為這是我們義大利家庭世世代代所做的事情，沒有人會去質疑。我是一個獨立的個體，我會做我認為對我最好的事。我也不相信天上有一個神奇的人，因為當人們告訴我時，我沒有看到任何證據。我相信你必須要擁有很高的自我價值才能成為反抗者，敢於與眾不同，因為這會把人們從你身邊推開。

25 他人的心理包袱

我們都有不如意的日子，甚至還有人衰了好幾年，也可能只是一瞬間。通常，這些不順的日子一點一點地嚙咬那些過往傷痕的情感結痂，我們將那些結痂帶到當下，把它們吐在其他事件或其他人身上。這些人往往是我們最親近的人，例如我們的孩子、家人、伴侶、朋友、員工和顧客。我們所愛的人是承接我們心理包袱最主要的角色，這似乎很不公平，但好像就是這麼一回事。

一方面，這有助於喚起過去的記憶和經驗，從而節省我們在當下進行批判性思考的時間。如果我們可以利用過去的證據來幫助我們確保安全、應對威脅，那麼省下來的時間就可以幫助我們生存。另一方面，我們把所有極端的情緒和痛苦的回憶混合成反覆無常的感受，會導致眼前的事件脫離當下的環境。為了釋放這些情緒並保護自己，我們就會大發雷霆。

當我們是情緒爆發另一頭的接收者時，如果我們不了解這個過程，就很容易往心裡去。作為回應，我們猛烈反擊，加劇了這個惡性循環。然後，我們帶出自己在類似情況下的心理包袱和情感記憶，情況通常會變得很糟，我們可能開始建立起防備心，或是受到傷害，然後對著向我們吐口水的人吐回去。每次發生這種情況時，都可能讓現實或當下的情況進一步蒙上陰影，覆蓋著一層又一層的心理包袱，就像義大利麵上又蓋著千層麵。好吧，這不是我最好的比喻，但我希望你能理解我的意思。

想像一下，每件事情都以原本的樣貌呈現在你面前，不夾雜那些任性的情緒，只有全然的清晰和現實。想像一下，人際關係——以及你的人生旅程——會變得多麼容易。想像一下，溝通、解決問題、把事情做好會變得多麼容易。想像一下……

我稍後再回來談一談這個問題，以及你如何承擔起全部及個人的責任來停止

「心理包袱循環」。但首先，我們來看看人們把心理包袱傾倒在你身上的情況。人們經常：

- 感到被拒絕或受到傷害，而對你大發雷霆。
- 透過嫉妒、羨慕或「高罌粟花症候群」——當人們成功時，旁人渴望去挫挫他的銳氣——壓制你、阻礙你的發展。
- 試著把他們的觀點或價值觀強加於你。
- 試著把他們的問題變成你的問題。
- 希望你失敗，以使他們自己好過一些。
- 感到孤獨，變得非常需要幫助。
- 認為每件事都是針對他，對於反饋意見採取防禦和抵制的態度。
- 在極高壓的狀況下對你爆炸。

你並非總是能控制住別人的心理包袱，但你可以管理好你自己的。**你可以邁出第一步，成為率先停止亂倒心理垃圾的人，成為你想看到的改變。**你可以對他們的處境表示同情。你可以表現出同理心，讓他們盡情發洩而不做出回擊反應。

你可以理解為什麼他們變得情緒化，並提供你所知道的資訊來幫忙解決問題。你可以聆聽並成為一個共鳴板，讓那些心理包袱逐漸消失在蒼穹之中，因為你沒有再添加你的心理包袱。

在人們惡意或不公平地批評他人的情況下，你可以忽略，並且帶著微笑繼續前進，甚至對這些人心存感謝。不要認為那是針對自己，因為你現在知道這與你無關，而是他們自己的事。

我是經歷慘痛教訓後才學會這一點的，在維持我生命中最重要的兩個夥伴關係時——我的公司合夥人和我的妻子，當然不是在同一時間啦！我是那種連呼吸也會惹惱別人的人，所以必須學會對他人以及他們的反應保持敏感。

我的妻子處理情緒的方式是靜下來深思熟慮和反省；公司合夥人則是反其道而行，他會說出來並且和我反覆討論。

對於我的妻子，我總是嘗試深入研究、推敲並找出問題所在，因為我想幫忙解決（但這不是她想要的）。這只會讓事情變得更糟，我的情緒會滲入她的問題，越搞越糟。

至於我的公司合夥人，我以前都告訴他，他已經跟我說過十遍同樣的事情了。我以前會嘗試傾聽，但很難表現出他所需要的興趣。

在兩個人的情況中，我學到除了專心聆聽和表達關心之外，「什麼也不做」才是解決他們問題的最佳方法。當情況演變成雙方爭論不休，接著情緒爆發，那是因為我在問題上加入了自己的不安全感和情緒反應，而非真正地同理他人。

這是我十二年以來學到的一課，我會繼續努力下去，但我可能時不時還是會搞砸一下。

我也學會了不讓別人的情緒左右我的情緒。掌控你自己的情緒，不管別人的情緒有多麼使他們心力交瘁。我也是會被影響的那種人，因為我對他人的情緒很敏感，但身為家庭、企業或生活中的任何領域的領導者，你的工作就是盡最大的努力保護周圍的人，這樣他們才能持續受到鼓舞並展現活力。

對於以上，我還有一個警告。要是你敢給我一星評價，我就會把我的一生的心理垃圾都倒給你！

26 讓真實的自己被他人接受

我的某任前女友總是對我說：「我只想要你因為我真實的樣子而愛我。」關於過去，我們講到這裡就夠了。但我想這是一個很常聽到的說法和願望；這是一個人類根深蒂固的需求。

因為自己真實的樣貌而被人喜愛只有一種方法。這個方法保證有效，如果你真的想要因為真實的面貌而被愛。但這不是一條捷徑，事實上，很多人覺得這是最困難的事情之一。我也能保證一個如何不被人所愛的方法，那就是向世界展現虛假的自我。這種自我呈現的假象可能是：

- 不想辜負他人的期望，但該期望並非你自己的期望。

- 害怕衝突，逼自己屈從他人。
- 害怕被拒絕和嘲笑，隱藏真實的自己。
- 過度誇大自己的成就。
- 否定自己或過分謙虛。
- 向人們展示你認為他們想看到的一面。

因為真實的自己而被愛、欣賞和接受的最有效方法很簡單：向世界展示你真實的樣貌。當然，你會冒著失敗、被嘲笑和拒絕的風險。但是當你向世界展現虛假的自我時，你也冒著同樣的風險。

你會吸引那些對你有好感的人進入你的生活：生活夥伴、商業夥伴、顧客、追隨者和粉絲。這些人大部分會看到你向他們展示的一面，並根據他們自己投射的欲望，受到你的吸引或被你排斥。

如果你向世界展示虛假的自我，就會吸引那些愛好虛假的人進入你的生活。在這種情況下，你會發現週遭人的價值觀與你不一致，更糟的是，你被虛假而空洞的人包圍，他們什麼也沒辦法帶給你，只會耗盡你的精力。

如果你忠於自己，你會吸引到出人意料的對立面，他們正常合理的批評可以讓你保持自然的平衡。如果你不忠於自己，你也會吸引一部分的反對者——但他們的貢獻毫無意義，批評的也是不存在的你。

無論選哪種方式，都會有點痛苦。你可以選擇在開始時有點痛苦，當你很脆弱時，你冒著被拒絕和嘲笑的風險。我知道，對別人說「我愛你」很可怕，他們可能會把這句話退還給你。當你在苦苦掙扎時向別人開口要錢很可怕，因為別人可能因此評斷你。說出「我不知道」、「我沒辦法」、「對不起」以及承認自己的缺點都是很可怕的。

但之後的痛苦會更大，那就是讓不適合的人進入你的生活，或是害你不得不生活在謊言中。留在一段你知道已經結束的關係中，或者一份你已經出賣自己幾十年的工作，或者過著你父母希望而你卻不想要的生活。

只有在你向世界展示出自己的真實面目、缺點、失敗和一切時，你才能吸引到合適的人們和結果進入你的生活。

記住，如果你不重視自己、不愛自己，別人為什麼要這麼做呢？重視自己並且向世界展現，並不是要成為一個自以為是的萬事通或自戀的人，而是知道自己的價值、特點和技能，並且掌握它們。

還要接受自己的缺點，擁抱缺點，甚至有時自嘲一下，只要不傷害到他人即可。不要太在意它們，你已經盡力做到最好了，帶著自信向世界展現真實的自己——你內心深知但不常顯露的自己。

27 原諒他人

憤慨、怨恨、憤怒、嫉妒和厭惡雖然可以做為我們的意見反饋方式，但同時也是一種有毒情緒，如果你讓它們掌控了你，它們就會把你吞噬。

我讓自己和我的公司合夥人馬克，從上一份（也是唯一一份）工作中被解僱了。我的前老闆在多年前僱用我不到一年。完全沒有僱用合同，也沒有正式的培訓或指導。當時只有一張桌子，一部電話，桌上還有一些書面廣告詞。我記得有一次，老闆花了一千五百英鎊買了八個冷門的Google關鍵字廣告。

他把四份廣告放在我桌上，四份放在馬克桌上：「好了，馬克，你負責這四份；羅伯，你負責另外四份；你們最好通通處理好，不然就回家吃自己。」然後他就回到自己的洞穴，把冰滴式咖啡直接放回價值兩萬英鎊的咖啡機。

他拒絕了大多數我們提出的點子。有時還會對我們很激動。被他炒魷魚後，我們最終因為非法、不公平的解僱而上了法院，花了整整一年的時間。最後我們贏了，他在業界說我們的壞話少說也說了兩年。

多年來，馬克和我對於他，和他對待我們的方式，都有些厭惡、憤怒和怨恨。畢竟，我們幾乎是幫他經營事業，完成大部分的生意，但是他卻以激動和前後矛盾的態度來回報我們。在分道揚鑣後長達兩年，他的公司似乎經營得很好。這讓怨恨轉變成某種嫉妒，關於這一點，我在當時並沒有坦然面對自己。

值得慶幸的是，我投資在自己身上數百萬英鎊的自我教育並沒有全數浪費，我了解到他對於我思想和情緒的控制力。我了解到，這不是他的錯，而且在某種意義上我也有責任。他已經竭盡所能做到最好了，這段關係帶來了許多（隱藏的）好處，更多的負面情緒都是由我而不是他造成的。

起初這很難接受，但時間會治癒一切，他的事業陷入困境，而我們則越來越成功，當我成為老闆並僱用員工時，我開始能夠更平衡的看待，從他的角度出發，我的情緒也因此改變。一開始我能夠理解，但還是有些怨恨。後來，我練習尋找他為我的生活帶來的所有（隱藏的）好處，把所有的情緒轉變成一種感激。好啦，是大部分的情緒！

他在沒有簡歷的情況下就僱用了我。除了我的家人之外，他大概是世界上唯一願意僱用我的人。他帶領我進入房地產行業，為我搭建入門的橋樑，徹底改變了我的生活。

他是我的老闆，但他給了我很大的自由。他是個很有趣的人，支付每晚出去的花費。他讓我借用他的保時捷，把我介紹給一些很棒的人。在為他工作的期間，我和馬克發展出情誼。他投資了我。他推薦了一些好書，還讓我去進修。他開闊了我的眼界。他教導我一些顛覆性管理技巧。也教導我許多房地產和經營的知識，包括很多應該避免、不該做的事。

他解僱我們是因為他發現我們想離開。他沒有盡可能優雅地處理這件事，但經歷過自己請人走路，對方成立自己的公司與我們競爭後，我開始知道這種感覺了。從他的立場來說，他給了我機會，為我開啟一扇門。他幫我建立和馬克的關係，然後我們都離開了！

一旦我能夠以平衡的角度看待雙方立場，就沒有什麼好怨恨的了，反而有很多事值得感謝。雖然我還是需要一些時間，但當我經歷了這個過程，便發現甚至沒有什麼需要去原諒的。一旦我從他作為僱主的角度看過所有經歷後，我所有的負面和有毒情緒都被沖刷掉了。如果我再見到他，他也沒有用鎖頸控制住我，我會感謝他，甚至上前給他一個擁抱。

原諒別人對你所做的錯事，因為他們看待事情的角度和你的不一樣，而對於這些你認為的錯事，其實也有它的好處。

如果你抱持著同情心和同理心，看看是什麼原因導致他們這樣的行為或反應，那麼這份理解就會幫助你擺脫你賦予這件事的意義，以及你的情緒和反應。

通常人們大發雷霆時，他們只是把內心的感受向外反應出來。最簡單也最常見的做法就是把這些情緒倒給親近的人，而非自己掌控這些情緒。

我發現，大多數的時候，當我的員工感到壓力、互相指責或是有更深層、更嚴重的問題時，通常是因為他們在家裡或人際關係上有問題，或是他們有隱藏的健康問題。也可能是因為，他們覺得自己沒有受到應有的重視。

在我管理生涯的初期，我會非常針對個人，認為這些錯誤，不良的績效表現都是他們自己的問題，並且把我自己所有的心理包袱都倒在他們身上，讓情況火上加油。我不會花時間去體貼他們，從他們的角度去感同身受和理解事情，我會把重點放在沒能從員工身上得到的東西，或是這件事會給我和我的公司帶來什麼不便。

如果你的兒子對他妹妹做出摔角的動作，他可能是在學校被欺負了；如果有人在路上超你的車，他們可以能是要趕去醫院探望病重的至親好友；如果有人因為某事而責怪你，他們可能是在傷害自己。

原諒他人，就是：

- 花時間從他們的角度看事情。
- 抱持同情心和同理心去了解為什麼他們做出這樣的反應。
- 劃清界線——這和你無關，而是他們自己的事。
- 原諒他們給你帶來的不便或痛苦。

- 仔細檢視該情況帶來的所有好的一面，以及它們對你有何助益。
- 回顧強大而激動的事件，改變它為你帶來的痛苦，從而使它讓你的生活更有意義。

如果你本身經歷過艱困而糟糕的事情，我明白原諒可能不是那麼簡單。這並不是要你縱容你不能接受的行為，而是與之共處，然後釋然向前。如果你受到虐待，可能需要諮詢專業人士。雖然我無法提供專業建議，但我可以說，**原諒他人這件事與他們無關，甚至也不是為了他們，而是為你自己；為了釋放他們的行為對你造成的束縛。釋放影響你現在和未來生活、人際關係的有毒情緒。**

一九八六年，史蒂芬．麥當勞（Steven McDonald）在當時是一名年輕的警官，他在紐約中央公園遭到一名青少年開槍射擊，導致癱瘓。他寫道：「我原諒槍手，因為我相信，唯一比我脊椎中彈更糟糕的事就是在我心中滋生報復。」此外，在這名年輕人服刑期間，麥當勞與他通信，希望有一天兩人能夠攜手做出寬恕與非暴力的示範。不幸的是，這名年輕人在獲釋三天後死於一場摩托車事故，儘管麥當勞仍在全國更各地傳遞他想表達的訊息。

莎米蕾・雅琳賈德（Samereh Alinejad）告訴美聯社（Associated Press）在她十幾歲的兒子被謀殺後，「報復是她唯一的想法」。但在絞刑架上發生了戲劇性的轉折，就在兇手即將被處決的前一刻，雅琳賈德在最後一刻做出赦免這名男子的決定。現在她被人們視為英雄。

在消防局值班很長的時間之後，麥特・斯瓦策爾（Matt Swatzell）在開車時睡著了，撞上另一車，奪走了孕婦茱恩・費茲傑羅（June Fitzgerald）的性命並且傷及她十九個月大的女兒。根據《今日報》（*Today*）的報導，費茲傑羅的丈夫，一名全職牧師，要求減少該男子的刑期。他也開始和斯瓦策爾見面喝咖啡和聊天。許多年後，兩人仍然關係密切。費茲傑羅說「你原諒他人，就像他人原諒你一樣。」

尼爾森・曼德拉（Nelson Mandela）原諒了將他關進監獄二十七年的人。我在「顛覆性企業家」播客上採訪的賽蒙・韋斯頓（Simon Weston），不僅原諒了「轟炸他」因此讓他終身毀容的人，還跟他成為朋友。一九八一年，教宗約翰・保羅二世（Pope John Paul II）在一名男子企圖謀殺他後重傷。他在暗殺行動中遭到四槍射擊，必須接受緊急手術。康復後，教宗拜訪了槍手的牢房，伸手握住他的手並告訴他，他是他的兄弟，並且已經原諒了他。

這樣的故事深深感動了我。

我不能說我認為這種程度的寬恕很容易，但我相信我可以表現出這些了不起的人，他們所展現出來的一半程度的尊嚴和同情心。

如果花點時間尋找，每件事情都會伴隨好的一面。你必須掌握人們對你所做的事，否則它們就會反過來掌控你。如果你對過去的人懷有怨恨、憤怒以及其他有毒情緒，回顧那些引起這些情緒的事件，看看它們對你有何助益，如何使你變得更強大，使你成為今日的你。

心存感激，著眼好的一面，然後放下，這樣你才能成長。

28 師父領進門，修行在個人

你不必為所有人負責，你不能承擔別人的成敗，你無法幫助所有人，也無法拯救所有人。

有些人太在乎別人。他們害怕讓別人失望，當事情發展不如預期時，他們感到內疚，覺得自己應該負責。但殘酷的事實是：你所能做的就是那樣。你要對自己的行為和決定負責，但你的孩子、員工、夥伴、同事——他們會做任何想做的事、他們認為適合自己的事。

你對別人的期望越高，你就越可能失望。

雖然這麼說很痛心，但我相信：沒有人會對你忠心耿耿。每個人只有在對他們方便或符合他們價值觀時才會對你忠誠。一旦他們的價值觀受到挑戰，或出現更好的選擇時，他們就會丟下你。

員工對我的忠誠度，建立在他們能夠支付帳單和養家餬口的基礎上。我很肯定，如果競爭對手開出兩倍的薪水，許多優秀、忠誠的員工都會離開。

我相信如果我沒有每天把碗放進洗碗機，我太太就會離開我。哈，好吧，也許不會，但如果她的需求長時間沒有得到滿足，她很可能會離開我，去找一個能夠滿足那些需求的人。

我們的需求可能會非常自私。當我們處於絕境，事情變得艱難起來，我們就會進入求生模式。

如果你想靠別人來填補空虛，你就會永遠空虛。如果你希望透過別人的鼓舞讓自己感覺良好，或是讓別人提升你的情緒、自信，你多半會感到失望。這是你自己的責任。

以下是本章節可能與你相關的部分：

- 你無法拯救所有人。

- 你必須讓生活中的某些人離開。
- 人們會不斷地讓你失望（除非你管理好自己的期望）。
- 你不能把自己定位成慈善事業或業餘事業；你必須合理開價。
- 有時候，幫助某些人最好的方法就是完全不幫助他們（或者讓他們解決自己的問題）。
- 人們的行為——以及因為這些行為而發生的事情——不是你的責任。你如何教導、養育和培養他們才是你的責任。

你可以對他們曉以大義，但不能強迫他們。你可以從旁協助，但不能替他們解決問題；你可以養育孩子，但你必須放手讓他們成長；你可以愛一個人，但不能逼他們愛自己。除非你買這本書給他們。但你又不能強迫他們讀書，除非你賄賂他們。這是一個方法：讀這本書，否則我就不愛你了。我還沒試過這個方法。

但我若試了，我會恨自己的。

29 內向人，站出來吧！

我不喜歡我們或其他人給自己貼上的標籤。當然，刻板印象能夠幫我們理解和過濾大腦每秒都在接收數以萬計的資訊或其他一些事情，但你對刻板印象的理解可能對也可能錯。刻板印象和標籤只是節省時間。抄捷徑也是會有缺點的。

根據定義，並沒有真正的刻板印象。沒有兩個人完全一樣，因此沒有人能完全符合一個單一的刻板印象。

即使是一度被認為逕渭分明的刻板印象，例如性別，其界線也越來越模糊了。我認為注意到你給自己和他人貼上的標籤和刻板印象很有用。利用它們可以節省時間，但不要賦予它們任何特定的含義。智慧來自於接受每一個人和每一件事，就像他們是全新、獨特和特別的一樣。

當你的伴侶做了一些你不喜歡的事情，你搞不好覺得這和你的前任或你不喜歡的人很相似？你不把他看成獨一無二的人，做著一件全新的事情，而是憑藉以前的經驗，把所有的心理包袱帶到這個全新的情境和對象身上。你的大腦說「這就和以前一樣」或者「你和他們一樣」，而實際情況是「這是獨立的事件」。

有一種刻板印象是針對內向的人，我完全駁斥這個標籤。事實上，我不認為有任何人是內向的——至少不是完全內向。

我也不認為有完全外向的人。人們認為我性格外向，但事實並非如此，我在社交媒體上是一個外向的人，還有當我做現場演講和網路直播時也是。儘管我甚至會挑戰這一點——畢竟誰又能判定你什麼時候外向，什麼時候又不是？

反之，在公共場合，以及在我不認識也不習慣的人身旁時，我一點也不外向。如果你要我談論生意，我很有信心，但如果你讓我和傑夫．貝佐斯（Jeff Bezos）、伊隆．馬斯克（Elon Musk）、馬雲坐在一個會議室裡，我就會立刻變得謙虛又安靜。如果你要我在瑜伽課的最前方穿著男性比基尼，我就會縮進我的保護殼裡。

我不是性格外向的人，也不是內向的人。我不是你想的那樣。有時候連我自己也會嚇一跳，我不是自己想的那樣。你，或是任何你貼上標籤的人都是如此。把一個可能被別人形容為「沒有交際能力」的科技宅，放入線上遊戲室、編碼大賽或科技會議中，他們很快就會崛起並且發光發熱。

不要給自己貼上內向或外向的標籤，因為這些標籤並不是你。我認識很多人，包括非常親密的家人，他們持有這個標籤，讓它影響他們的一生。當人們這麼做的時候，他們說服自己不要去做自己想做的、喜愛和擅長的事，因為害怕被批評、嘲笑，害怕犯錯，害怕看起來像個白癡。

去掉這個標籤，和它脫離關係，突然間你會豁然開朗，活出你的價值觀，發揮你的技能和天賦。這些你都很擅長，所以沒什麼好擔心的。你也會展露光芒，甚至令自己刮目相看。

更常讓自己走出圈子，你可以獲得更多的追隨者、顧客、曝光率，發揮更大的影響力。這將反饋給你證明這行得通，你可以做到的。它會獲得自己的動力，在你的生活中創造一個良性循環。不要因為一個蹩腳又錯誤的標籤而剝奪自己美好的人生。關於走出自己的圈子，在第四部分會有更多的討論。

內向的標籤會勸你躲起來，停滯不前，懷疑自己、苛責自己，對於那些勇於跳脫自己圈子的人感到嫉妒和怨恨，而你會陷入厄運的循環，這將摧毀你的自我價值。如果一定要貼上標籤，就稱自己是「中向性格者」！在你的技能和興趣都是最低的領域是內向的，像我們所有人一樣，在你技能高超、天賦和天才的領域是個外向者，也像我們一樣。

如果你真的想來點偷吃步，在你經驗不足的領域和外向者合作，利用他們外向的標籤。從事不用拋頭露面的播客或文章發表，你可以根據自己的喜好編輯你的內容。寫一本書，但不要擺滿你的照片。成為合夥關係中的史蒂夫・沃茲尼亞克（Steve Wozniak）。成為蜜雪・歐巴馬（Michelle Obama）。如果你不是蝙蝠俠，那就當羅賓吧。

不要告訴我，你是一個內向人，所以你才沒有希望、自信或機會。因為我相信你。

提升自我價值

Part 4

30 反向比較

西奧多・羅斯福（Theodore Roosevelt）說：「比較是竊取快樂的小偷。」我要補充一句：「負面的比較是竊取快樂的小偷。」

想像一下，如果你反過來比，想像你把自己（現在的處境）和以下這些狀況比較：

- 以前那個遠遠落後的你。
- 經歷過的人生最低點或最糟糕的時刻。
- 你沒有而別人有的缺點，或是你最糟糕的特點。
- 其他日子過得比你更艱難的人。

- 如果你做了更糟糕的決定，如今可能會落得的處境。
- 你要與之比較的那個人，他**真正**的樣子（而不是你所認知到的版本）。
- 只為了激勵自己而與之比較的人——也就是讓自己變得更好的「向上比較」。

我把它稱為「反向比較」，因為它是有利而非有害的比較。它讓我們振作，而非貶低自己；它激勵我們，而不是讓我們意氣消沉。然而我們卻很少送給自己這份禮物。

人們常常拿自己和某個人不真實的版本做不利的比較。在一個人們使用修圖軟體和濾鏡的世界，他們往往只顯示出修飾過、看起來狀態最好的版本。我們經常看不到所有的面向，輕易相信我們能看到的唯一一面。我們並沒有掌握所有的事實。

當我在研究和編寫本書時，查斯特・班寧頓（Chester Bennington）、羅賓・威廉斯（Robin Williams）、克里斯・康奈爾（Chris Cornell）都自殺了。他們都取得了社會公認的巨大成。在外界看來，一切都很好。有點哀傷的諷刺，羅賓・

威廉斯是一位喜劇演員。就在查斯特自殺前幾小時，還出現他和朋友、家人一起歡笑的影片。他們為數百萬人帶來極大的歡樂，包括我在內。寫到這點讓我很難過，但也很感激我仍然在這裡，並沒有像他們那樣受到心魔的困擾。

你完全不知道人們正在經歷什麼。根據世界衛生組織（World Health Organization）的數據，在二十五歲到四十四歲的男性中，在事故之後的頭號死因是自殺，同時也是女性死亡的十大主因之一。

你所看到和感知到的他們，只是總體情況的一小部分。**每個人都在努力奮鬥。每個人都在和自己的惡魔搏鬥。每個人都會沮喪。**當你把某個人奉為完人地崇拜，並且拿自己與之做不利的比較時，你要記住以上那些才是明智之舉。

你是拿自己與一種幻覺做比較，由你、他人、和他們自己所創造出來的幻覺，卻不知道全面的事實。這不但對你的自我價值毫無助益，還會使之消退。

每一次你這麼做時——你當然會這麼做，因為我們都會，這是人類的天性——你可以採取以下的行動來「扭轉」這種比較：

- 每次你數落自己時，同時也要說自己的好話（每數落一次就要說出五個優點）。

- 當你對自己的缺點耿耿於懷時，列出自己所有的優點。
- 每天挑出五件值得感謝的事情，並且對此表達謝意。
- 閱讀那些處境艱困者的故事，以更加了解事情的背景。
- 回顧過去，看看你已經走了多遠、做得有多好。
- 每當你表現得很好時，就停下來稱讚自己。
- 想像一下，如果你做了更糟糕的選擇，事情會變得多麼糟糕。
- 選擇一個你非常成功的領域，把這種感覺轉移到生活中的新計畫或新領域。

有那麼多人的處境比我們更加艱困。即使你真的遭遇創傷，總是有人比你更慘。

你能猜出這位了不起的女人是誰嗎：

八歲時媽媽離開了她。

從小家境貧寒，小時候因為穿馬鈴薯麻袋做的衣服而在學校被人嘲笑。

九歲被強暴。

因為在家遭到性虐待而逃跑。

十四歲懷孕。

她的兒子出生不久後就死亡。

受到家人的朋友、叔叔、表哥性騷擾。

我會在下一章揭曉這位了不起的女人是誰。

富蘭克林・D・羅斯福（Franklin D. Roosevelt）是本章開頭提及的西奧多・羅斯福的遠房親戚，他在三十九歲時身體部分癱瘓。在加拿大度假後，羅斯福患上了小兒麻痺症，最終導致他腰部以下終身癱瘓。儘管不能走路，他還是繼續領導美國，成為歷史上最受尊敬、最令人難忘的總統之一。

儘管史蒂芬・霍金（Stephen Hawking）在二十一歲時被診斷出患有肌萎縮性側索硬化症，但他卻成為世界頂尖的物理學家之一，跌破醫生的眼鏡。

力克・胡哲（Nick Vujicic）出生就沒有四肢。力克成長於澳洲，儘管帶著殘疾，他最終還是自學了滑板和衝浪。如今成為一個鼓舞人心而幽默的勵志演說家，並且獲得了澳洲青年公民獎（Australian Young Citizen Award）。

克里斯多福・李維（Christopher Reeve）因扮演超人（Superman）一角而聞名，在一九九五年從馬上摔落，導致他四肢癱瘓。他堅持著自己的事業，在經歷了無數黑暗的日子和自殺念頭後，為自己的生活發展出新的意義。他致力於慈善工作，並且下定決心要恢復身體活動。二〇〇二年，他在共同導演電影《洋基小英雄》（*Everyone's Hero*）時去世，他當然是我心目中的英雄。

我也可以提供一些輕鬆愉快的故事。艾瑞克・諾里（Erik Norrie）曾經遭受鯊魚的攻擊，被閃電擊中，以及被響尾蛇咬傷（但不是同時發生！）。這些事件發生的機率分別為一千一百五十萬分之一、三千分之一、三萬七千五百分之一。

一個名叫華特・薩摩福特（Walter Summerford）的男子在一生中被閃電擊中三次。去世四年後，他的墓碑再度被閃電擊中。

蘋果（Apple）公司的聯合創辦人之一，羅納德・偉恩（Ronald Wayne），以八百美元的價格出售了他百分之十的股份並且離開蘋果公司，因為他覺得與史蒂夫·賈伯斯（Steve Jobs）和史蒂夫·沃茲尼亞克合作很困難。如果當初留下來，他現在的身價將高達三百五十億美元。

你擁有值得感激的一切，除了你對自己的要求和渴望之外，並沒有什麼好與之比較，也沒有必要達到的他人期望。**只有當你不知道自己是誰的時候，才會拿自己和他人比較。**

不要再拿現在的自己和你認為自己應該達到的成就相比，或是與你覺得父母或權威人物希望你達到的高度相比。

一切都是該有的樣子，一切都在該有的位置上，包括你。

31 成為自己最大的粉絲，而非最大的敵人

世界上已經有夠多酸民了，他們會好好的修理你，在你週遭無所不用其極地抨擊你，你必須打起十二分精神。所以與其再加重你受到的打擊，不如做自己最大的粉絲，支持自己，為自己加油打氣，成為自己後援會的創始成員吧！

如果你不捍衛自己、推銷自己和獎勵自己，沒有人會替你做。與其當個不斷找自己碴的大魔王，你不如：

- 稱讚自己。
- 鼓勵自己。
- 指出自己表現良好的地方。

- 善待自己。
- 不吝誇讚自己。

你不必昭告天下。這是有著一位非常，非常特別成員的私人粉絲俱樂部。為這位VIP和MVP鋪上紅地毯，因為你就是GOAT。（譯註：史上最偉大的（Greatest Of All Time））

32 放過自己

能夠禁錮我們最久、最黑暗的牢籠可能就是我們的思想了。與寬恕他人同等重要的就是原諒自己。如果你不原諒自己犯下的錯誤，不原諒自己對他人做錯的事，就會阻礙自我價值的出現，進而影響到當下和未來。

不管你曾犯過什麼錯，你都值得獲得任何他人也值得擁有的東西。沒有法官或陪審團可以判定哪一個人配得上配不上，或是比其他人還值得擁有更多或更少。

我最近接到一通求助者的電話，他正面臨到自我價值的掙扎。他告訴我：「我不配當個百萬富翁。」但有誰能決定誰配呢？規則是誰訂的？有的百萬富翁是殺人犯，有的百萬富翁坑害別人，還有一些有錢人會詐騙、貪汙——但這些人仍然是富豪。也有窮人謀殺、坑害、欺騙和貪汙，沒有人比那些知道如何賺取、擁有、留住金錢並讓它增值的人更值得或更不值得擁有金錢。

人們想像，自己會因為犯下的錯誤而受到各式各樣的懲罰，包括被永久地貶入地獄。（好吧，如果這是真的，我們都會去那裡！）這些都是影響我們自我價值的想像信念和恐懼。

許多有宗教信仰的人在這種情況下會怎麼做？他們會懺悔罪過並請求寬恕。**請求寬恕實際上並不是請求他人的原諒，而是允許你原諒自己。**透過感覺到你需要被他人原諒而讓你獲得自由。事實上，你不需要任何人的原諒，你只需要原諒自己。

我們應該從正確的角度來看待以下幾點：

- 每個人都犯過你所犯的錯誤，可能很類似，也可能比你的錯誤更嚴重。
- 你並不等同你的錯誤或失敗；你就是你——那些只是你「犯下的」錯誤。
- 你在當下已經盡了最大的努力。

- 你值得擁有的並不亞於任何人，大家都一樣值得擁有。
- 你應該得到什麼，是取決於你的長處，而非基於你莫名其妙一味相信的那些事。
- 當你察覺到自己誤會他人時，你就能更平等地對待他們。

最後一點很值得探討。當我帶五歲的兒子去上高爾夫球課時，發生了以下的事情。一切都「出了差錯」，我們兩個既疲累又煩躁，他在路邊開始調皮搗蛋。我試著讓他平靜下來，但他不斷地從我身邊逃走，然後我不小心推了他一把，他摔倒了（幸好沒有跌到馬路上）。

我不是故意要讓他跌倒的，但我確實力道過猛了。我把他抱起來，帶到車上，把他放在後座，我坐在前座。我們互相怒吼了幾分鐘。大約十分鐘後，我們稍微冷靜了下來，那時我覺得自己是史上最差勁的爸爸。

我感到一陣強烈的內疚。當我感到愧疚時，我就到有聲書平臺購買我能找到的每一本育兒書籍。

在接下來幾個禮拜裡，我把它們全部聽完，用兩倍的速度重複聆聽。雖然我還沒參加年度最佳父親的競選比賽，我從那些書上學到許多，並且開始練習我學到的一些有用的育兒技巧。

我還發現當我對兒子發脾氣後，在接下來幾天裡，我都會對他更好、更有耐心。他對我似乎也一樣，好像他也後悔自己那麼失控。

一旦情緒平復下來，你就能冷靜看待情況，我的「糟糕老爸」時刻也是很有好處的。這種時刻可以讓我兒子知道我的底線在哪，也迫使我學習更好的育兒技巧，對他更好、更有耐心。

現在，在我收到一堆訊息，指責我把推孩子視為可接受的行為之前，這並不是我要說的。我當時很生氣，這是一個意外。我後悔自己沒能更冷靜，希望能夠控制那些情緒。但那個情況對我們兩個都有好處，就像它為我們帶來暫時的痛苦一樣。在這個情況下，我能夠原諒自己是個笨蛋，因為這也有好處。

當你認為自己害到別人時，你同樣也幫助了他們。

你挑戰他們，他們就會成長；你抵抗他們，他們就會變得更強大。你「傷害」他們，就讓他們學會了堅強。我們許多人相信，每件事情發生都有原因，所以也請接受你以為自己所犯下的錯誤。

你不必懲罰自己，要知道，你的錯誤也能為他人帶來益處，對方還會為此心存感激。你已經盡力了。在小事情和所有事情上原諒自己。

對你當時的處境表示同情，帶著善意盡最大的努力，切記不要過分苛責自己，透過懲罰自己來扮演受害者的角色。

你已經原諒別人了，所以也送給自己一樣的禮物。

33 你的獨特性和天賦

我們在生命中都有自己的功能和目標，這是人類天生被賦予的。我相信這是真的，並且是一個充滿力量的信念。即使我是錯的，想像一下，你在生命中**沒有**任何功能或目標。事實上，不要這麼做。如果你要相信任何事情，如果所有的信仰都是主觀而涉及個人的，你還不如相信對你有用的。

如果我們沒有與眾不同的位置和目標，我們就不會存在。生命的挑戰在於，沒有人被告知目標是什麼。我們必須親自去找尋，這似乎就是生命本身的意義——找到我們的意義。

很多人難以發現並掌握自己的獨特性和天賦，其中一個原因就是他們將自己與他人比較。他們用社會對天才的定義來比較衡量。

社會把小提琴家、科學家或數學家稱為天才，因此就把其他人都定義為低人一等。這些「天才」只是在做自己，就像你一樣。這些社會定義的天才和你的差異在於：

- 他們在外界被定義為「天才」。
- 他們把大部分的時間、精力和價值都集中在他們天才的領域。
- 他們可能不覺得自己是天才，或將自己定義為天才。

此外，天才沒有單一的定義。梅西（Messi）和愛因斯坦（Einstein）怎麼可能都是天才？把其中一個稱為天才的人，可能不會稱另外一個為天才。我們可以把天才定義為偉大或最出色的人；我們認為他們是重要或有用的人。

因為我們每個人覺得重要、有用的東西並不一樣，這意味著我們認定的天才是主觀的。

這意味著有人會認為你是天才。

我姊姊在學校的表現不如我，但我在地球上從來沒有見過像她這樣能很快和陌生人交朋友的人。當我們去度假時，不到十分鐘她就交了十幾個新朋友，而我卻不敢跟任何人說話。我們可以說，她在交朋友方面是個天才。

價值是主觀的。你如何評價自己是主觀的，對天才的定義也是主觀的。

所以：

- 只管做你自己——畢竟，其他人都有人當了。
- 掌握你的獨特性和天賦。
- 透過自己的天賦來融入。
- 記住，讓你不一樣或怪異的原因使你與眾不同。

不管怎樣，人們都會批評你，所以你還不如就做自己，以自己為傲。即使我們知道我們是不同的，我們想知道為什麼我們不一樣。注意這個矛盾的情況，不要希望自己像別人一樣。

你不該這麼想。你身為「你自己」是很重要的。

作為一個物種，我們都相互依賴才能生存和繁榮，許多人需要你的天賦。無數的人受你啟發或需要你的啟發。你的孩子、客戶、夥伴、員工、供應商、雇主、追隨者、粉絲，甚至你的批評者都重視、需要並愛戴你。

你是很重要的。

如果你忘了這一點，或者還在為此糾結掙扎，那就在任何一個社交媒體上發訊息給我。

我會讀取所有的訊息，並且會盡力幫助你，提醒你：你是獨一無二的天才。

34 不要以為「裝久了就是你的」

「先裝一下那樣的人，直到你真的變成那樣。」這句話是真的嗎？

我覺得這句話之所以流行，只是因為它很順口。我不覺得你應該「假裝」任何事情。

我知道這句話的來由：你必須先想像才能成真。在達到目標之前，你必須先想像自己擁有、贏得或完成這件事。但是**假裝自己是另一個人沒有必要，也沒有好處。**

作為一個真誠的人，你會對於偽裝有所掙扎，因為你會覺得自己是個騙子，而那並不是真實的你。但如果你在它成真之前不先思考，到頭來你就會什麼也沒有。

我認為忠於自己與想成為更好的人、擁有更好的技能和成果，這兩者之間理想平衡的辦法是用「成為那樣的人，直到你看見目標」來取代「假裝那樣的人，直到你成功」。

現在就做自己，並且努力向理想中的自己邁進。愛自己並接受自己，並且對你想成為的人懷抱憧憬。

對於你想成為怎麼樣的人，有自發性的想法很重要。我們都知道如何設定目標，儘管許多人實際上並沒有這麼做：到頭來，並不是很多人都清楚自己想成為什麼樣的人。

你不能掌握你無法衡量的事物。不僅僅是「去達到」目標和「擁有」目標，更要「成為目標」。

你越清楚自己是誰、知道自己想如何被人所熟知、明白你想成為什麼樣的人以及你想如何被人記住，你就越容易實現你的價值觀，讓清晰的願景成為現實，你便能實現自我。

勇於做夢，讓自己大膽思考並對未來躍躍欲試。永遠不要讓任何人奪去這些想法，或讓你相信自己做不到，甚至讓你覺得自己不應該如此設想。如果你失去了夢想，就失去了希望；一旦失去希望，就失去了自己的價值。想法會變成真實的事物，而夢想會變成現實。

在我的《生活槓桿》一書中，詳細介紹了如何設定清晰的願景、價值觀和目標。而本書就是在助你了解，**你值得更多，你值得擁有一切**，但因為你尚未獲得想要的一切，所以要「成為那樣的狀態，直到你看見目標」，而非抱持「裝久了就會成功」的心態。

35 好好照顧自己

隨著我的額頭出現更多深陷的皺紋，員工越來越多，隨著我招來更多的批評，還有了年幼的孩子……我意識到自己越來越老，提醒著我「光陰似箭，人生苦短」。

經常有人問我「你會給年輕的自己什麼建議？」嗯，除了「戒酒」和「創業」之外，應該是「好好照顧自己」。

你現在視為理所當然的事，你將來可能還是希望保有。

我在這裡指的不是做什麼臉部保養和上健身房。我說的是你如何和自己對話、關心自己和愛自己。

擁有自我價值，就等於擁有良好的情緒和心理健康。如果你不重視自己，就不會關心自己；如果你不關心自己，就不會重視自己。這變成一種自我實現的預言，反之亦然：如果你重視自己，你就會關心自己；如果你關心自己，你就會重視自己。

以你應得的尊重對待自己。信守你的價值觀和個人行為準則。嘗試你在人生中想要嘗試的事情。當你做得好的時候就獎勵自己，贏得勝利時就慶祝，不論這場勝利是大是小。

時不時寵愛自己，說說自己的好話、教育自己、好好訓練、好好吃飯、充分休息、睡個好覺、努力工作、盡興地玩、享受魚水之歡、玩耍、大笑、生活……

如果你沒有總是這麼做（事實上你不會的），別苛責自己。

要能夠放過自己，一笑置之，然後再來一次，盡力而為。

以上就是你所能做的，而這就夠了。

36 注意你花最多時間相處的人

你花最多時間相處的人，很大程度上決定了你會成為什麼樣的人。有一個眾所皆知的理論：你會變得像你最常相處的五個人。與你相處時間最長的人包括家人、朋友、同事、伴侶、老闆和指導者，要留意他們是：

- 鼓舞你還是拖垮你？
- 啟發你還是耗盡你的精力？
- 支持你，還是阻礙你？
- 因為你本來的樣子而愛你，還是試著把你變成他們想要的樣子？
- 對你說實話，即使你不想聽？

- 當你不在時，對你也還是只有好話？
- 毫不藏私地教導你並分享他們的經驗？
- 為你的成功感到高興，並且確保當你失敗時也伴隨身旁？
- 讓你想成為更好的人？

那些為你提供職涯建議的人是否事業成功？那些為你提供理財建議的人是否為百萬富翁？那些到處給予感情建議的人是否婚姻美滿、快樂？那些育兒大師都擁有完美的孩子嗎？

通常，免費的建議都很值得聆聽。

對於你選擇接納的建議要謹慎、冷靜評估，並將你的重要決定建立在這些建議基礎之上。而當他人缺乏必要經驗卻為你提出建議，你可能會受到他們錯誤意見的影響。

有時他們確實是關心，也很盡力幫助你。他們愛你，不希望你失敗，所以他們告訴你不要創業，不要那個冒險。他們說：保持謹慎。對你所擁有的心存感激。你過得很好；不要拿你的貸款、穩定的工作或美滿的婚姻去冒險。

這些人在乎你，但他們並不是該給你建議的人。

然而，你的成功、冒險和大獲全勝，往往讓他們感到自己的渺小。他們意識到自己出賣了夢想，假如你停在原地，他們會感到安全而舒適，非常感謝你。他們從你打的安全牌中獲得一些好處。他們喜歡你本來的樣子，因為這樣不會讓他們為自己感到難過。就像把螃蟹放在沒有蓋子的桶子裡，當一隻螃蟹試圖獲得自由時，其他螃蟹就會把它抓回來。

對於那些真正關心你的人，感謝他們，但要明智地選擇你所聽取或拒絕的。你什麼都不用說，只要微笑以對就行了。

我不喜歡那種，只要和你意見不同，就送他一句「去他的酸民」論調。你可以從批評者和你所關心的人那裡獲得一些寶貴的教訓和經驗，從中挑戰自己，還不至於需要拋棄所有的朋友和家人。

因為世界就是反照你的一面鏡子，你的朋友、人際網路都是經由你的吸引而進入你的生活。對於你周圍充滿著哪些人，你要負起全責。水漲船就高，你的朋友和人際網路也是同樣的道理，能夠為你帶來價值，並且也因你受惠的真朋友和合適的人們會留下來。不要只因為你們認識很久，就留戀於那些並非真正關心你的人，當你揚帆駛向金色的地平線時，讓他們自然地航向另一方，明智並謹慎地選擇你的人際網絡。

愛你的家人（父母、兄弟姊妹等等），你不能選擇他們，但你可以控制和他們相處的時間，選擇討論一些瑣碎與你的願景和使命無關的內容，改變話題，守住你的思維模式，因為它極大程度決定了你的行為和獲得的結果。如果你週遭都是猴子，你可能也會變成其中一員。

不對的人可能會保護你的安全，但也會阻礙你的發展。他們可能會偷走或助長你出賣自己的夢想。或許他們並沒有意識到這一點，你也沒有，但是要當心。

改變你的整個思維模式，比改變你的交友圈更加困難。與鼓舞人心、經驗豐富的人們往來是通往成功的真正捷徑。他們能帶領你避免錯誤與災難的雷區。他們能把你介紹給有經驗、可以幫助你開啟另一扇門的人才，而你可以站在巨人的肩膀上，運用他們數十年來的經驗。你可以在更短的時間內間接學習他們的一切，而不必犯下昂貴的錯誤和自行摸索。

物以類聚。富人吸引富人。卓越的人吸引傑出的人。人們說你的人脈就是資產。

雖然我也同意這個說法，但我認為這不是完整的公式。我認為應該是：

人脈×自我價值＝個人淨值。

這一點將在第六部分進一步探討。

在我的臉書社團「顛覆性企業家」中，有人貼了一段話：「幾年前，有人在沮喪的時候對我說『當你周圍盡是些冷凍雞，你要怎麼像老鷹一樣飛翔！』」

我想這差不多總結了我想表達的。

37 改變一小步，就是改變人生的一大步

如果你陷入困境，感到消沉，覺得自己一點價值也沒有，如果你感到沮喪，困惑，不知所措，沉溺於自我憐憫和厭惡……

那就找事情來做。

完成一件事情，任何事情都可以。

做點什麼，總好過什麼都不做，即便是錯誤的事。

運動的物體傾向保持運動，靜止的物體傾向保持靜止。這是牛頓（Newton）的第一運動定律。靜止的物體（什麼也不做）和運動的物體（做點什麼）將會繼續做同樣的事情（靜止或運動），除非受到彼此或其他外力的

作用。

這個運動定律很簡單。當然，當你完全沒有動力或感覺被低估時，事情就不那麼簡單了。常常，我們把這堵大牆或大山擺在路中；我們認為任務是那麼地艱鉅而可怕。

我們陷入了低谷，巨大的空虛襲來。正是在這種時刻，要記住，你只需要做些事情。做一件事情。

你要怎麼吞下一頭大象？一口一口咬。你要怎麼跑馬拉松？一步一步跑。你要怎麼寫一本書？一字一字寫。

談到書，寫書很難。你會想，這是我寫作以來的第十四本，理應更輕鬆才是，或是我會越來越上手。

事實上並非如此。

養育孩子和寫書是我始終認為最困難的前五件事，並不會變得更容易，但我完成書本的方法從沒改變：一個字一個字寫。

在《拖延有救》一書中，我談到了每次寫書時都會遇到的惡魔。腦海中有一股聲音不斷叫喊，告訴我隨便去做什麼都好，就是不要寫書。每一次我都會經歷永無止境的拖延和逃避工作。

對我而言，這就是寫書過程的一部分，但結果總是一樣的。開始寫作，日復一日地寫。寫作，然後編輯，接著會收到他人的反饋，跟著就是出版發行。但是，除非你打開一個空白檔案開始下筆，否則上述的一切永遠也不會發生。

行動孕育行動，創造出動力，再度孕育更多行動。先求有，之後再追求完美。

我曾經在我的「顛覆性企業家」播客中採訪過英國最頂尖的人質談判家和自殺預防者之一。她處理過大量的自殺案例，挽救了無數條生命。她告訴我，當人們一次發生三個糟糕的重大生活事件時，他們會變得非常沮喪，甚至考慮自殺。她說，大多數人都能應付一次甚至兩次不幸，但更多的話，他們很可能就會跌落谷底。我向她尋求我們該如何處理這種情況的建議，她說：「就選一件事開始，先解決一個問題。不要三件事一起，那會負荷不了。」

先理出一件事，或者著手開始一件事。一旦解決了一件，或至少在解決的路上，壓力就會減小，不堪重負的感覺也會減少，迷茫漸漸散去，便會再度獲得前行的動力。

不要擔心明天，或是待辦清單上的第二項。

直接著手開始或改變一件事。

選擇生活上對自己重要的領域，改變自我價值低落，就從那裡開始。寄出你的履歷表。擁抱你的孩子並給他們讀個故事。投身於你真正想做的事。下一餐選擇健康的飲食。上車並開向健身房。一件小事就能產生骨牌效應，進而改變每件大事。

38 完成一件有意義或有挑戰性的事情

乍看之下，這似乎與上一章相互矛盾，沒關係，因為矛盾存在於萬物之中。如果你要選擇一件事來開始，那就選有意義的事。完成一件事會為你來動力，完成一件有意義的事也會帶來動力，而且還有獎勵。

首先，做一件有意義的事，自然而然就會阻擋你去做瑣碎而膚淺的事。陷入瑣事中可能會暫時降低你的自我價值，從而讓任何重要事項毫無進展。別讓小事阻礙了大事。

在我們辦公室和培訓中心所在的商業園區，有幾家企業老闆自個兒當起停車糾察隊。只要有人沒停好，即使是一英寸，他們就會衝出來，雙手在空中揮舞，大鬧一場。他們到處召集小隊，參加委員會會議，花掉一半的時間來處理停車的投訴。他們就是「墨守成規者」。

沒有人違反法律，沒有發生大災難，也沒有人死亡。事實上，他們有一半以上的指控都是錯誤的，但他們仍然這麼做，彷彿他們在黃線上裝了感應器，整天坐在充滿監視螢幕的黑暗房間裡，等著要指控你在車上放了屁。

我相信這是因為他們很無聊，同時也希望藉此提升自己的重要性。但顯然他們沒有更好的事情可做，因為如果他們有事可做，就會不在這裡監視，一點也不會在乎你把車停在哪裡。

在這裡我們學到：枯燥瑣碎的事會阻礙你著手有意義的事，別讓這種情況發生。要當心自己變得迂腐而過於拘泥形式，一旦成為瑣事糾察隊，就趕緊讓自己脫離吧。

完成有意義之事的第二個好處是，你會獲得豐厚的報償。這種獎勵以大腦產生的「快樂」化學物質呈現，為你提供動力去做更多的事情。這種感覺讓人上癮，這就是它的用意。

撰寫《快樂的科學》（*The Science of Happiness*）的科學家大衛・李柏曼（David J. Lieberman）把快樂描述為「朝著有意義的目標不斷前進」。

大腦中快樂的四種主要化學物質為：多巴胺、催產素、血清素和腦內啡。當你「朝著有意義的目標前進」時，大腦就會釋放這些物質。這是一句非常明確的話，用詞經過精挑細選。

關鍵在於獎勵與事件本身的意義有關。這就解釋了為什麼當你完成了一件非常困難的事情時，你會感到高興。也許你知道跑完一場馬拉松，或是擺脫一身債務之後的感覺——任何經歷艱難努力奮鬥而來的東西。就像寫完一本該死的書。

「快樂就好」這種口號的問題在於，完成瑣碎而不重要的事情，幾乎得不到什麼回報。沒有人會因為封上信封或在社交媒體上浪費時間而感到高興。做一件簡單的事，或什麼都沒做，並不能獲得什麼回報。

為有意義而艱難的事努力奮鬥，戰勝或完成它，才能帶來更大的喜悅。你可以感覺到自己正處於「成敗」的關頭，當你突破了關鍵時刻，扭轉頹勢時，你便會成長，變得更加獨立，自我價值也隨之增長。

「努力奮鬥」是這個過程逃脫不了的一部分。在光速網路、一鍵訂購和直播社群媒體的即時世界中，我們變得如此不耐煩，以至於我們總是試圖走捷徑或旁門左道而避免努力奮鬥。真正的捷徑，例如找一位指導者，或遵循經過壓力測試和驗證的流程，和快速致富、偷懶懈怠的捷徑，例如期待「不費吹灰之力就能有成果」或「不用冒險投資就能獲得收益」，兩者之間有著很大的區別。

我記得當我通過駕照考試後獲得的那種終極自由的甜美滋味。永遠也忘不了那個感覺，因為我從十幾歲就渴望自由，所以感覺特別棒。

我有長達好幾年的時間都幻想自己能考上駕照，教練又對我很嚴厲。我感到緊張無比，經過千辛萬苦，當我終於拿到駕照的那一刻……好吧，要是你能把我的感受裝瓶出售，我絕對會買的！

努力奮鬥使我們能夠：

- 為成功創造良好的環境，並與之形成鮮明對比。
- 獎勵我們有意義的工作，讓我們持之以恆。
- 教導我們什麼是價值。

- 建構性格特質，例如韌性。
- 剔除那些沒有鬥志或不能勝任工作的人。
- 將心思集中在突破和成功上。
- 提高技能並為我們提供更多的工具和經驗。
- 重視經驗和人們，並給予回饋（支持、教導、捐贈、激勵）。
- 展示自身的真實身分和能力。
- 讓事情變得更簡單、更加完美，並且為下一個更大的挑戰做好準備。

我目睹很多人在許多條輕鬆的捷徑之間來回擺盪，就是為了更快獲得結果，這麼一來反而變成繞遠路，浪費時間路線變來變去，一下開始、一下結束、一下截斷又一下改道。

一次又一次，每次你從頭開始，就必須再經歷同樣的混亂。這麼做並不會變得更容易。對於陷入這種具有超強磁力黑洞的人來說，有一個聰明且著名的建議，那就是：別再期望事情會變得更容易些，而是期望自己變得更好一些。

當你從困鬥和混亂中奮力前進時，事情就會變得更容易。如果你經歷這種尋找簡單出路的循環，請打破這個模式。是否要用轉移注意力的方式來避免考驗帶來的痛苦，留在舒適圈內？當你發現自己正在使用拖延戰術時，請糾正（但不要苛責）自己。

- 屏住呼吸，拿起電話並撥打那通銷售電話。
- 勇敢踏出那一步，去見你需要道歉的人，並且直視他們的眼睛。
- 在所有行政工作開始之前，先處理那通令人頭痛的客戶投訴。
- 排除所有容易讓你分心的干擾，開始著手那些你從一九八五年就開始拖延的深入而專注的工作。

要知道當你開始之後，你就會獲得動力；而當你看到自己的進步時，你會感覺超棒。

世界上每一位你所敬仰的人，都有著同樣的內心和外界掙扎。每個一夜成功的背後，其實都有著十年或以上的付出。每個優雅的芭蕾舞伶腳上都布滿了ＯＫ繃和傷口。

39 專精一件事

專精一件事，任何事都可以。做你的強項吧，那可以是一些事，也可以是一件事。

在學校，大部分的科目我都還算過得去，但沒有一個特別強的領域，我也就這麼挺過來了，而我所崇拜的那些孩子，也不是每個科目都好，他們有一個擅長的項目。你可以看到，即使是那些被視為書呆子或缺乏自信的孩子，當他們表現得比任何人都還好的時候，也會挺起胸膛，頓時活躍起來。

我最好的朋友之一，戴夫，是個很安靜的人。大家都知道他是我們那屆數學最厲害的。你可以看出他信心十足，當話題談到數學時，他變成了更出色、更加自信的人，有時候甚至還有點狂妄，與人爭辯不下。這使得他趾高氣昂，神采煥發，走路都變得有風起來。

我堅信，對比那些在許多領域都表現良好的人，這個世界讓專精於一件事的人享受更豐厚的報酬。我相信，**內在的自信和價值來自於知道自己有力量、技能和重要性。**因為在領域中的佼佼者為人們帶來貢獻，引領大眾發掘最大的潛能，因此受到社會的回報。

你專精什麼並不重要，它可以是你熱衷的愛好，也可以是你的職業。當然，如果它能為你帶來極大的快樂，讓你成為百萬富翁，為他人服務並充滿貢獻價值，那就再好不過了。但在這些背後，重要的是你從這項專長中獲得內在價值的感覺。你在某個領域中充滿自信的感覺可以轉移到其他領域。成功會留下線索，你為了達到專精而走過的磨難，都會在你所做的每件事上留下足跡。

在第六章裡，我們討論過，有很多人在某些奇妙而古怪的特定領域中獨佔鼇頭，還藉此獲得豐厚的收入——即使表面上看來，他們似乎脫離了「主流」。以下有更多證據說明，你可以只專精於一件（古怪的）事情：

在酒吧裡聽見朋友抱怨養寵物要擔起的所有責任後，蓋瑞．達爾（Gary Dahl）就想出了「寵物石」的主意——一顆小石頭，主打著不需花費太多心力照顧的伴侶。它們有著極少的裝飾，還附帶一本說明書。這是一個超大騙局，而全國上下都想參與其中。他以每塊石頭四美元的價格，在一年內售出一百五十萬顆寵物石，還幾乎沒有營運費用。

在經濟蕭條期間，失業且沒有受過大學教育的兩兄弟倆開始做起生意，把農場的肉類賣給在教堂停車場的消費者。這個想法很快就擴張到七百億美元的生意。真的是名副其實把培根帶回家餬口。

艾琳．格萊福（Ailin Graef），更為人所知的網路化名鍾安舍（Anshe Chung），她在網路遊戲《第二人生》（*Second Life*）中出售虛擬房地產，賺了一百萬美元，這是根據她的角色在遊戲中的「林登幣（linden dollars）」身價而來。

庫羅．塔卡索米（庫羅基）（Kuro Takhasomi (KuroKy)）將自己的殘疾轉化成熱忱。他化名庫羅基（KuroKy），是目前電子競技領域中收入最高的選手，迄今為止的總收入為三百四十八萬七百八十八・三五美元。庫羅患有殘疾，導致他行動困難，他說，正是這個殘疾使他進入遊戲界，並走向了偉大的「職業生涯」。

費城兄弟伯納德（Bernard）和穆雷・斯班（Murray Spain）買下了黃色笑臉的法定權利，以及如今聲名狼藉的「祝你有個美好的一天」標語。兄弟倆開始在所有可能的地方貼上這張笑臉。黃色笑臉席捲全國，很快地，也席捲到全世界。這股風潮在一九七一年到達顛峰，一年半後逐漸消退，但這就足夠讓公司達到五千萬美元的銷售額了。後來，在一九八〇年代，他們開設了第一間一元商店（Dollar Express），繼續銷售印有笑臉的商品。二〇〇〇年，他們以五億美元的價格把連鎖店賣給了美元樹（Dollar Tree）公司。

把豆豆裝進袋子，再加上一對毛茸茸的耳朵，最後給它起個可愛的名字。，結果如何？那就是比孩之寶（Hasbro）、美泰兒（Mattel）兩間公司加起來還大的玩具帝國。豆豆娃（Beanie Babies）的創始人泰・華納（Ty Warner）在亞特蘭大舉辦的首場玩具展上賣出了三萬個豆豆娃。據報導，在豆豆娃風潮的巔峰時期，泰一年賺進七億美元，估計總利潤為三十~六十億美元。

我喜歡這些故事。這類的故事太多了。我們總是假設我們需要專精於流行的、傳統的或證實有效的事物，但實際上你可以專精於任何東西。

我的爸爸給了我絕對的自由、支持和資金讓我做任何想做的事。我將永遠銘感於心，但缺點在於，我總是很容易放棄或喜新厭舊。

我會把目光投向別人在做而我也想擅長的事情，燃起嫉妒心，然後變得興奮起來，最後也投身進去。就像一隻小狗抓著腿磨蹭那麼有幹勁，接著表現得還行，然後就進入艱困奮鬥時期。在達到專精的階段，你的努力報酬會遞減，所需要的時間更長，也更加困難。就在這一刻，像愛收藏東西的人那樣，我會看到其他有興趣的事物，轉身投入其中。從努力奮鬥的痛苦中被解放，我又感覺到天真的興奮（和相信這一次會變得更容易）。

我參加過大多數的體育運動，在三種不同的武術中都獲得了棕色腰帶，甚至更好的成績，也嘗試了一些職業。如果我把一半的努力和精力都放在一個領域，即使是奇怪的那種，我就會更加出名，或許還會被視為更成功、大師級的人物。

棕色腰帶不會成為終極格鬥賽（UFC）的冠軍，業餘運動員也不會成為國家隊的一員。

雖然可以說要達到這些高峰是不切實際的，但我相信，如果我把所有的精力都集中在一件事情上，成功就會到來。令人欣慰的是，經過幾次錯誤的嘗試後，我開始經營起自己的生意。作為一個企業家，你可以成為「通才專家」。作為作者、有影響力的人、採訪者、社交媒體評論者、教練或顧問也是一樣。

所以，經過三十五年的內省，我覺得自己可以成為一位通才專家。生涯很豐富，但不完美，從事管理監督而不實際動手，這讓我感覺到暢快無比的自由。我分享這個故事，是因為你可以選擇任何一條路。

你可以選擇激發靈感的領域，並在其中變得優秀出色——即使是像豆豆娃、黃色笑臉或電子競技這類的事都可以。如果你一直苦於找不到你的動力和專精之事，那麼你可以成為一位通才專家。你可以成為創辦人、領導者、影響者和掌舵者。你可以對許多事物有基本的理解，然後和那些大師、專家們攜手合作，激發他們，同時也藉助他們的力量。

以前我在投身新事物之際都會感受到這種興奮的高潮。這些是非常膚淺的，隨著我抱持縹緲的希望，而非堅定不移的信念，再度轉身投向另一個事物，很快就轉變成我低落的自我價值。

這種模式每次都會讓自我價值又下降一節，屢試不爽。雖然你可以在沒有任何外部證據或認可的情況下，努力提高內在的自我價值，但當你擅長某件事時，更能獲得極大的提升，然後這個證明將會反饋並轉化到你生活中的其他層面。

在我擺脫債務之後，我的個人和社交信心也提升了。那一筆債在七年的時間累積起來，所以就好像經歷七年的痛苦後被釋放出來。當我學會良好的管理和行銷技巧後，這些浪潮的興起提振了生意的許多領域，強化了我對此的信念。對於沿路遇到的挑戰——員工或法律問題、經濟環境、法規變化甚至是大蕭條，我覺得自己準備得更加充分，也更有信心了。

然後，隨著自我價值反饋的循環形成後，你開始覺得自己可以去教導別人。

如今，許多我從工作中獲得的樂趣，並非來自於我個人，而是來自於我團隊中的個人和集體所取得的成就。這增加了自我價值的反饋循環，並且還會持續增長。能夠幫助、領導和激勵他人的感覺是生活能帶給你最美好的感受之一。除了更高更深刻、堅定不移的自我價值之外，你還會感受到一種感恩，這是治癒任何痛苦和苦難的萬靈藥。

盡你最大的努力去專精一件事——無論你選擇的路是專業化還是通才。

40 失敗就是成功

我越是努力，就越幸運。我爬得最高，是因為我曾經跌得最深。

麥可．喬丹（Michael Jordan）與蓋瑞．普萊爾（Gary Player），以及在他們之前和之後的許多成功人士，都把他們對失敗的態度和失敗的經歷歸結於他們的成功。

大多數人都帶著恐懼和自負，把失敗視為失敗。但是我們都知道，當我們排除情緒，其實通往成功的唯一途徑，就是經歷一次又一次的失敗。

我的朋友泰瑞會在夜晚結束時手上挽著一個（甚至兩個）女孩回家，因為他臉上帶著微笑，接受一次又一次的拒絕，直到成功。在我看過的每一百個房子中，我至少有八十五個沒能買到手。

我想，在我最喜歡的「失敗」故事中，有接下來這麼一個。你能猜到這是誰嗎？

他二十一歲時，經商失敗。

他的母親和姊姊去世。

他二十二歲時，競選州議員失敗。

他二十四歲時，再度經商失敗。

精神完全崩潰，臥病在床六個月。

他的戀人在二十六歲時去世。

他破產了。

他的第一個兒子在四歲時去世。

他二十七歲時，精神崩潰。

他三十四歲時，競選國會議員失敗。

他三十六歲時，競選國會議員失敗。

他的第二個兒子在十二歲時去世。

他四十五歲時，競選參議員失敗。

他四十七歲時，未能當上副總統。

他四十七歲時，競選參議員失敗……並在五十二歲時，當選美國總統。

你猜出是誰了嗎？不告訴你！

當席維斯・史特龍（Sylvester Stallone）的父母在經歷婚姻困境的同時，他也在寄養家庭與低薪工作之間奔波。情況一度糟糕到他無家可歸，在紐約公車站睡了三天，無力支付房租也買不起食物。他甚至想把他的狗在賣酒的店裡隨便賣給陌生人。他再也沒有錢養狗，最後只以二十五美元的價格就把狗賣掉。他說他是哭著離開的。

兩個禮拜後，他看到了穆罕默德・阿里（Mohammed Ali）和查克・韋普納（Chuck Wepner）的拳擊比賽，這場比賽為他帶來靈感，他寫出了著名電影《洛基》（*Rocky*）的劇本。他拚命寫了二十個小時，試著把劇本賣掉。後來有公司願意出十二萬五千美元買下劇本，但史特龍只有一個要求：他要主演這部電影。製片公司拒絕了這個要求，因為他們想要請一位真正的明星。他們說他「長得奇怪而且口齒不清」。

又過了幾個禮拜，製片公司出價二十五萬美元買下劇本，史特龍拒絕了。他們甚至提高到三十五萬，他還是拒絕。

過了一會兒，製片公司同意以三萬五千美元買下劇本並且讓他出演。接下來的故事大家都知道了。這部電影獲得了奧斯卡最佳影片、最佳導演和最佳剪輯獎。他也獲得最佳男主角的提名，這部電影作為有史以來最偉大的電影之一，被收錄在美國國家電影名冊（National Film Registry）。

你知道他用這三萬五千美元買的第一個東西是什麼嗎？他在賣掉狗的店裡站了三天，等著買走他狗的人。他看到那人來了，並解釋了為什麼把狗賣掉。他求他把狗還他，但那人拒絕了。史特龍向他出價一百美元，那人還是拒絕。他又出價五百美元，那傢伙依然拒絕。甚至一千美元也不願意。最後，史特龍不得不付給他一萬五千美元買回當初賣二十五美元的小狗。他還讓這個人在《洛基》中演了一個角色。

十七歲的賈斯汀．羅斯（Justin Rose）因為在公開賽中（四大高爾夫球錦標賽之一）獲得第四名的成績，從此一戰成名，風生水起，隔天他就轉為職業選手。隨後，他在連續二十一場比賽中錯過了晉級機會。一九九九年，他在資格賽中取得第四名的成績，獲得第一張歐洲巡迴賽的入場券。在接下來的一個賽季中，他沒能保住自己的比賽資格，只好重回資格賽。

二○○三年，羅斯在世界高爾夫官方排名第三十三位。他度過了糟糕的一年，從世界排名前五十滑出。直到二○○五年初，他的排名一直在下降，同年三月他宣布退出歐洲巡迴賽，專心參加PGA巡迴賽。這對他糟糕的狀態沒有造成明顯的影響，到了年中，他已經跌出世界前一百名。

二○一八年，他獲得世界第一的排名，贏得了價值一千萬美元的聯邦快遞盃（FedEx Cup），贏得萊德盃（Ryder Cup），並且和我做起生意（這肯定是他最大的成就！）

一家模特兒經紀公司很早就告訴這位最具代表性、最美麗的女人，她應該考慮當一個秘書。她努力爭取成功的角色，並且被二十世紀福斯公司解雇，因為她的製片人認為她毫無魅力也不會演戲。她的童年在寄養家庭和孤兒院中度過。一九四四年，她一度投身戰爭工作進入一家廠，然後遇見了一位攝影師，開始她的海報女郎生涯。這份模特兒工作讓她與二十世紀福斯、哥倫比亞影業簽下兩份短暫的電影合約，並開啟歌唱生涯。直到她的離世，她的電影票房達到兩億美元。

你能猜到她是誰嗎？不，我還是不說。

溫斯頓．邱吉爾（Winston Churchill）調侃地說：「成功是經歷一個又一個的失敗卻不失去熱情。」

這話說的對極了。

我們需要反轉失敗以及對失敗的看法。

失敗就是成功，成功就是失敗。在每一個成功的案例中，都鑲嵌著類似上述的失敗故事。我喜歡那些故事，它們大大地激勵著我，使我想要經歷一次又一次的失敗——當然不是故意的那種。

再進一步說，失敗不僅是成功，偶然的失敗往往會導致意外的成功。

一八七九年，路易・巴斯德（Louis Pasteur）和他的合作者發現，將老舊廢棄的霍亂培養物注射入雞隻中，可以使牠們對霍亂產生更大的抵抗力。這是他們在做其他完全不一樣的測試時發現的。一四九二年，克里斯托弗・哥倫布（Christopher Columbus）尋找通往印度的新途徑，最終登陸美洲。一八九八年，家樂（Kellogg）兄弟無意中發現了玉米片，他們在小麥煮好後臨時有事離開無人看管，隔天再把它鋪開時，得到了碎片而不是一張完整的樣子。

波西・史賓賽（Percy Spencer）在測試電磁管的雷達裝置，他發現口袋中的花生糖在雷達波的暴露之下融化了，微波爐便在這次意外中發明出來。一位佳能（Canon）的工程師不小心把熱熨斗放在鋼筆上，墨水從筆尖噴出，從而導致噴墨印表機的誕生。

擁抱失敗。盡最大的努力，但也要接受失敗、保持開放的心態，這樣你才能從中吸取教訓。誰知道呢，或許你會因此有了新的發現。現在，我的書有超過三百個一星或二星的評論。（對於這些評論，我顯然需要心理治療，我甚至是從寫這本書的時間中抽空數一數的，我必須感謝它們！）這是很多糟糕的評論，但只佔所有評論的百分之三左右。

要知道每一次的失敗都是你成功的基石。當然，盡你最大的努力，但也要在跌倒後爬起，抖一抖身上的灰塵，再接再厲。不要把你的失敗當一回事。保持謙虛與好奇，始終堅持下去。失敗不是失敗，失敗就是成功。

41 建立不可妥協的行為準則

在本書的第一部分中，我們討論到自尊的定義之一：「對自己的價值或能力有信心；自重」，這就引出了另外兩個概念——自信和自重，它們構成了你的一部分。

當你在這兩個方面都很充足，或至少不是完全匱乏之時，就更容易建立你的價值觀和個人行為準則。你不會再對自己失望，也不會被卡在不想做的事情裡，讓對的事情進來，避開錯的事情也變得更加容易。你的願景、當務之急和時間管理，都會變得前所未有地清晰和堅定。

你的自尊、自信和價值，和你對自我的概念相吻合，這些自我概念，驅動著你對自身所處世界的感覺，以及你對自己的看法、你如何將自己和其他人做比較。

你如何達到一個你所認為的好人的標準，並將自己與之比較。你覺得自己活得有多麼正直、有價值和榮譽。你對自己的能力、素質和判斷力有多少的信任程度。你有多少勇氣去了解自己，相信自己和堅定地行事。

生活會不斷地為你帶來各種困難和考驗，這些考驗源源不絕，挑戰你的自我價值，而為了盡可能保護並增強自我價值，你所能做的就是擁有一套個人的行為準則——你生活的個人標準以及讓你自我感覺良好的特點和特質。

準則一旦決定了，它們便成為你的自尊、自信和自我價值的防禦牆。它們幫助你實現自我，成為你想成為的人，一個你所敬佩的人。

這些標準和行為準則並非由我決定，因為它們都是因人而異。我建議你可以與最重要的東西做連結——你的個人、家庭和品牌價值觀。你可以思考：

- 以一致的方式行事。
- 信守承諾。

- 以自己希望被對待的方式來對待他人。
- 拒絕違反你底線的事情。
- 把你最重要的事情放在首位。

相反的，盡你最大的努力去避免那些違反個人道德準則，以及最終會破壞你的自我價值的事情（當你偶爾出錯時不要自責）。這些可能包括，例如：

- 當下感覺良好，但之後會引起「失望」或後悔的事情。
- 不必要地說別人壞話。
- 不良的時間和約定管理。
- 不必要地優先考量他人。
- 讓枯燥乏味的事情阻礙了重要的事情。
- 意氣用事。

根據你增強的自我意識，為自己設定一些規則。確保自己有遵守這些規則和標準，能讓你自我感覺良好。在照顧自己所需要的精力與你賦予世界的價值之間取得平衡。

在早期，我都會努力回覆收到的每封訊息和電子郵件。我很感激有人想問我問題，這與我們的品牌價值觀「個人化」相符，同時讓我覺得自己很棒、很有價值。但隨著我的影響範圍擴大，這變得越來越難，以至於侵占了我自己的時間，我開始感到沮喪。所以，隨著時間推移，我重新設定我的規則，經歷了以下幾個階段：

一、回覆所有訊息。
二、回覆所有令人愉快的訊息。
三、回覆所有清晰簡潔的訊息。
四、在我撥出的時間內，盡可能地回覆訊息。
五、訓練一個人代我回覆。
六、如果答案出現在我的書或播客中，為他們指出方向，並承諾他們之後若還有問題，會再針對問題仔細回覆。

七、如果有人遇上真正的麻煩，一定要親自回覆。

八、有時間或無聊時，允許自己隨機回覆和提供幫助。

九、整理常見問題，做一個討論、影片或播客來幫助更多的人。

十、如階段五所述，訓練第二個人。

我想提醒你「減輕痛苦法則（law of lesser pissers）」：如果要在惹惱他人和惹惱自己之間做選擇的話，永遠都要選擇惹惱他人。因為生命充滿過客，只有你會伴隨自己走到最後。

要擁有明確不可妥協的行為準則，而且還要好好付諸實行，不要理會他人的評斷。在自私與無私之間取得平衡。

要求自己達到高標準，竭盡所能不讓自己失望，否則就會讓你的自我價值與之跌落。

當你罕見（或常見）地未能達成時，原諒自己，並檢視你的個人行為準則，必要時則進行調整。

42 適時拒絕

擁有自我價值和自尊，就是給自己設下一條不容跨越的界線。同樣重要的，你也要設定一條不允許他人跨越的界線。

從表面上看，答應他人的要求是樂於助人、禮貌、主動而積極的，但在表面之下，如果你不懂拒絕跨越界線的事情，你將會：

- 做出太多你無法堅持的承諾。
- 對這個世界（朋友、客戶和粉絲）感到沮喪或不知所措。
- 基於義務而不是需要考慮的因素、選擇和同情心來行事。
- 讓人們失望，當你無法實現諾言時（即使是立意良善）。

- 降低或破壞你的成果品質。
- 積累內疚、怨恨和壓力。
- 處理他人的緊急情況而損害自己的首要事項。

如果事情失控，那可不是別人的錯，你要負起全責。是你選擇讓哪些東西進入你的生活，哪些該遠離。不管別人有多麼想影響你，到頭來選擇要接受或拒絕哪些東西，都是你自己說了算。這個世界會根據你以前的行為和回應方式，還有你接受或拒絕過哪些東西，進而學會該如何對你提出要求。

人們學得很快。如果他們感覺到你會幫他們度過難關，他們就會再次依靠你，下次遇到問題時，他們會直接找你，而不是自行想辦法解決。

在極端的情況下，他們會變得依賴心重，狠狠地占你便宜。

我知道我都專門找那些對我有求必應的人，依賴他們。我自然會丟更多東西給那些不會或無法拒絕我的員工和外包廠商。只有當他們開始反抗，我才會停下來，如果他們抗拒，我甚至還會反擊。

你想在當下幫點忙，又或是你害怕說「不」。也可能說「好」會為你帶來一些好處，所以你答應了，然後一次又一次地，答應每一個要求。

你答應的原因可能是：

- 你想成為一個樂於助人、善良而支持他人的人。
- 你害怕拒絕、受人批評和嘲笑。
- 你害怕錯過一些機會。
- 你不想讓人們失望。
- 你在努力拖延自己重要（但艱困的）工作。
- 你可以透過幫助他人得到一些附帶的好處。

附帶的好處可能是，你透過答應一些簡單的事來避免困難的事，以此來分散自己的注意力。想成為幫大家度過難關的犧牲者，好似在說：「各位看過來，我總是那個在關鍵時刻拯救問題。我在這裡，請大家注意我。」

這可能是你察覺價值和自我價值的方式，甚至可能透過這種方式獲得人們的愛。你為自己也會為他人同等地盡力，當一切處於平衡的情況下都沒問題。先完成自己的重要工作，當你已經收取費用，為那些付錢給你並要求你提供服務的人服務。

我喜歡每天撥出兩個小時幫助他人，回覆問題和電話，回饋他人。這樣一來我便能安排好自己的生活，不會影響到我自己需要完成的事，並且專注於每個當下。然後當我說「不」的時候，我的內疚感就會大幅減少，因為我知道我已經付出我能給予的，甚至更多。

記住上一章的法則（關於這一點，我在《駕馭金錢》（*Money*）一書中談到很多）。**如果要在惹惱他人和惹惱自己這兩個選項之間做選擇，永遠都要選擇惹惱他人**。禮貌但堅定地拒絕。沒錯，你可能會讓他們不開心，但那是他們的問題，不是你的。如果你惹惱自己，最終你還是會大發雷霆，激怒每一個人！

每個禮拜我都會收到幾百封訊息，對此我深表感謝。然而，雖然是一個很小的比例，但每個禮拜大約會有一封訊息變成漏網之魚，這使我給人們一種印象：我出生在這個地球上就是為了滿足來信之人的需求和慾望，而且要迅速又免費。

彷彿我應該隨時注意回應他們每個突發奇想，彷彿我應該為他們剝葡萄皮，並且在一旁為他們搧風。我是一個成功的企業家，所以我理應「回饋社會」。

有時候，我覺得我想告訴他們一切是如何運行的，然後繼續回到攻防，但往往徒勞無功。

現在他們得到一個溫暖而堅定的回覆後，便促使他們閱讀我所有的書籍，聽我的播客（順帶一提，這是免費的），然後，直到完成的那一刻他們才會繼續發問。有時候他們這麼做，我會非常敬佩這一點，並且會竭盡所能地幫忙。有時候他們會抱怨我在推銷東西（我每賣一本書淨賺三十便士）。

我可以告訴你，這種信都會被略過（有時候我會開玩笑地把困難或耗費精力的問題丟給我的合夥人馬克。我知道他也對我這麼做！）

你可以試著幫忙，但你必須要設定一個界線，到了一定的程度時，你要說：「喂！你給我停止！」

當你開始新的業務或創業時，你可能需要多說一點「好」，因為機會非常少，你希望多開啟幾扇門。而當你變得更加忙碌，越發成功，對自己的時間有更多的要求時，你就會想要，也需要更常說「不」了。仔細挑選，按照重要性和優先順序安排事物。

最後，以下是更容易說「不」的方法：

- 說「好，但不是現在」，或者「好，但可以晚一點嗎？還是可以等我完成手上的事後再安排」。
- 「某某人更能幫助你，何不問問他們？」
- 除非你有空而且沒有在做重要的事情，否則絕不接電話或回覆電子郵件。在你方便的時後再回電或回覆電子郵件。
- 請私人助理、虛擬助理或訊息過濾系統把關，只允許傳達符合條件的請求。
- 為特定的工作安排特定的時間，例如：會議、回電、管理和回覆意見。

記住，世界會以你教導它的方式回應你。開始重新訓練這個世界，讓它可以給予你想要的機會，禮貌地拒絕、延遲或把你此刻不想要、無法處理的機會傳遞給他人。

43 創造更多價值

我記得是東尼・羅賓斯（Tony Robbins）說的：「生活的祕訣在於付出。」當我有五萬英鎊的消費債務，還得償壓得我喘不過氣的貸款時，我不確定我完全相信這句話。我覺得自己沒有什麼能給出去的。

付出有兩個層面：對自己付出和對他人付出。當我負債累累，思維空洞時，我在兩個層面都很糟糕。在本章中，我們將探討付出對於自利與利他的好處。

世界的運轉依靠著施與受的平衡。供給和需求、生產與消費，全都仰賴於均衡。生產過多導致過剩，消費過多導致短缺。

在微觀層面（你），宏觀層面（社會、全球）也是一樣的道理，應用到生態層面也行得通：我們吸收植物提供的氧氣，並提供植物吸收的二氧化碳。

為了維持自我價值的完美平衡，請確保你付出和接收的價值同等。如果善於接受，你會得到更多，這能為你吸引從讚美到財富的一切；如果你是一個慷慨的付出者，你也會獲得更多，以平衡供需的均衡和秩序。人們為付出者奉獻，從接受者拿取。

根據維基百科，「互惠法則」是一種社會規範，用一種正面的行動來回應另一個正面的行動，以獎勵善意的行為。重要的不是你得到什麼，而是你可以付出什麼，以及在付出的過程中你同等的所獲。

與其說「我必須這麼做」，倒不如說「我可以這麼做」。

為了獲得更多，請賦予他人更多。如果一個人具有某種目的性地付出，會被視為是別有用心，**當你不帶期望地付出更多，得到的回報反而會更多**。

當然，這需要抱持一定的信心，因為你不會「按照你的需求」收到回報。付出和接受並不會同時發生。

你無法選擇你所收到的，沒辦法在預約簿上詳細列出日期和時間，然而你越是持續地付出，同時也持續地收到餽贈、幫助和機會，你所希望的事情大部分都會如期而至。

我發現**付出會提升自我價值**，因為我們天生在情感上容易獲得與付出水平和程度成正比的回報。

良好的感覺會增加自我價值，如果有什麼東西可以上癮的話，那就是付出的感覺。付出越多，就會獲得越多這些感覺良好的化學物質。

我知道大部分人都會想多付出一點，無論出於私心還是無私的理由。但我們常常忘記這個道理，因為我們讓瑣碎的事情阻礙了有意義的事物。我們有可能讓自己陷入只專注於自己所需事物的困境。

我們可能會對互惠法則失去信心，因為感覺自己受到不公平的對待，例如我們幫助他人，而在我們需要幫助時，他們卻不會投桃報李。別讓這些事情阻礙我們付出更多。如果一開始你純粹出於自私的原因而付出——你會感覺良好，並且在將來需要對方的幫助作為回報——那麼這仍然是一個不錯的開始，沒關係的。

我找到一個好方法來處理我個人的痛苦、批評者，以及沒有按照我希望的方式發展的事情，那就是從給予中得到宣洩和療癒。方法如下：

- 做出極大的奉獻，以至於你的批評者壓根兒沒辦法否定你。
- 將原始的情感積極地磨練轉化成另一種價值，並把價值傳遞於他人。
- 你所經歷的掙扎困鬥以及你克服的方法，這些經驗可以幫助同樣受困的人。
- 當你感覺糟透時，幫助他人可以立刻讓你感覺好一些。

我的播客很適合做這些。部落格、日記、寫一本書或開設一個線上課程，都可以將你收到和感受到的批評、痛苦以及所受到的不公正對待，轉變並重新包裝成對他人有益和有價值的事物。這符合了能量守恆定律：能量既不能被創造，也不能被摧毀；相反的，它只能從一種形式轉化成另一種形式。

將能量向外，而非向內傳遞，這麼做會給自我價值創造一個正面的反饋循環。覺得自己有價值的感覺確實很好，但把痛苦和艱困轉化成有意義的產出，感覺會更棒。

我喜歡將我的一天和日誌劃分出特定的時間，把這段時間純粹用來回饋貢獻、增加價值和幫助他人。透過這種方式，我確保這些事情可以在不損及我必須做的事情下完成。

不管是一星期十五分鐘或一星期十五小時都無所謂，重點在於你要開始，並且按照你自己的條件和時間進行，懷抱著感恩的心，不要因為自己的事情被剝奪而心懷怨恨。以下是一些建議：

- 你可以在電話中與人交談時，好好傾聽。
- 你可以舉辦一場許多人都可以參與，富有教育性的網路研討會。
- 你可以從事志願工作。
- 你可以捐款或設立自己的基金會。
- 你可以將自己的知識和經驗轉化為教材。
- 你可以進行學徒培訓或資助他人。
- 你可以講課和教學。

我可以繼續列舉下去。你可以將痛苦轉化成有價值的事物，這是能量守恆定律最極致的發揮。

在第三十章中，我提到一位了不起的女士在成長過程中所承受的痛苦（你可能想回頭看看，提醒自己一下她所經歷的一切。）

這種痛苦本來真的可以要她的命，然而，她**選擇**利用那些苦難作為向善的力量。以下是故事後面的發展（電臺剪輯）：

- 她受雇於當地一間黑人廣播電臺，兼職播報新聞。
- 她成為最年輕的新聞主播和第一位黑人女主播。
- 她簽訂自己的節目合約。
- 她採訪了麥可．傑克森（Michael Jackson），這成為有史以來觀看次數第三多的訪談。
- 她創辦了自己的雜誌《O》——業界最成功的初創雜誌。
- 她成為美國五十位最慷慨的人中第一位非裔美國女性。
- 她為教育事業捐贈了四億多美元，並且資助了四百多個獎學金。
- 她擁有自己的電視和媒體網路，每年賺取三億美元。

- 她的身價約三十億美元。
- 她現在乘坐自己價值四千兩百萬美元，量身訂製的全球快線XRS（Global Express XRS）噴射機。
- 她甚至還有自己的街道：「歐普拉·溫芙蕾（Oprah Winfrey）之路」（謎底終於揭曉，如果你之前還沒猜到的話）。

湯姆·克魯斯（Tom Cruise）在近乎貧困的環境中成長，他的家庭由暴虐的父親支配，他將父親描述為「唯恐天下不亂之人」。他曾說父親是「一個惡霸和懦夫」。他就是那種，只要稍有不順心就會對你拳打腳踢的人。如今長大成人的阿湯哥繼續教育和娛樂數以億計的人們。

維克多·弗蘭克（Victor Frankl）曾經被納粹囚禁在數個集中營，包括奧斯威辛（Auschwitz）集中營。他的妻子和家人被納粹殺害，他利用這一痛苦撰寫出令人讚嘆的《活出意義來》（*Man's Search for Meaning*），是「美國十大最具影響力的書」之一。在他一九九七年去世時，這本書已經售出一千多萬冊，並且被翻譯成二十四種語言。

J．K．羅琳（J. K. Rowling）經歷了失敗、吃閉門羹、家暴和離婚，她患上了臨床憂鬱症。對於這個失業、依靠福利金生活並且打算自殺的單親媽媽來說，這些都是貨真價實的夢魘。二十家出版商拒絕了她寫的《哈利波特：神秘的魔法石》（*Harry Potter and the Philosopher's Stone*）手稿。她認為自己是她所知道的「最大的失敗」，然而她把絕望轉化成靈感。她堅持永不放棄，使她在不到五年的時間裡從破產、失業和依靠福利金生活變成了千萬富翁。她顯然比女王更富有，估計擁有五億英鎊的財富。

我們不可能都達到這樣的高度，現在你應該意識到一個基本原則就是：**我們不應該拿自己和別人比較，但是我們可以從中得到啟發**，學習這些如何將痛苦和艱難轉化成更多價值的例子。

44 多加勇於嘗試

你不需要我在這裡為你興奮地大聲叫好，才能知道大多數人（包括你）該怎麼做，你只要去做就行了。

如果你有一家店，那麼你可以成為世界上最厲害的收銀員或推銷員，你還可以贏得最佳櫥窗陳列獎。但是如果你的店內沒半個人，你這家店有跟沒有是一樣的，因為你沒有對象可以推銷，然後你就付不起房租了，還會破產。

我知道你擁有一套獨特的技能和天分，我知道你做得很好，我知道你可以是最優秀的……但除非你跳脫自己的舒適圈，勇於嘗試，否則全世界都不會知道這些。

我曾經是個畫家。對於沒有賣出任何畫作，我的策略和反應就是「畫更多」，這就好比體重沒下降卻吃更多。我需要的不是更多幅沒人看、也沒人想買的畫，我需要的是賣掉已經完成的作品。

這些畫作本身沒有什麼問題，事實是，看到我作品的人不夠多。我沒有把我的畫拿到更多的畫廊去，我甚至沒有把我的畫帶出彼得伯勒（**Peterborough**）。我沒有帶著作品去接洽代理商和經銷商，我沒有讓更多人來造訪我的網頁。老實說，我幾乎沒有走出我的工作室／房子／洞穴。

有時，只需要和自己好好對話，它可以是場嚴厲的對談，也可能是小小的提醒，然後跳出圈子，勇於嘗試。

你並不是一個內向的人（記得我在第二十九章說的嗎？）。

沒什麼好怕的。在社交媒體上多發一點文章吧！出去參加活動，或是拿起電話和他人聯絡。你也可以進行一段網路直播和研討會、去參加你通常會拒絕的派對和活動。

去參加各種聚會吧。以下是一些讓你可以更加勇於嘗試的實用方法（不只是針對內向的人）：

- **別想太多，只管開始嘗試。**不要浪費寶貴的時間在你的內心小劇場上，不要擔心自己是否會搞砸、會被他人批評、成果不夠好。相反的，直接邁出步伐。準備到一個程度，然後就這麼做吧！
- **記住，一切都是個測試。**沒有任何東西，包括你在內，必須是完美的成品。如果發現有問題，你可以回頭補救。不要把一切想的那麼嚴重，想成一次就定生死。明白到你的行動在宏偉的計畫中是多麼渺小，減輕你自己的壓力。
- **捫心自問：「最糟糕的情況是什麼？」**當你勇於嘗試，向世人展現你的作品、產品、服務，甚至是靈魂，可能會發生的最壞情況是什麼？不是死亡，也不是斷絕關係。人們可能不喜歡你的東西或是你本人，如果發生這種情況（不太可能發生），你可以從中吸取教訓，接著繼續向前邁進。感謝他們，然後繼續前進。
- **捫心自問：「如果我不這麼做，會怎麼樣？」**想想，如果你不跨出那一步，放膽嘗試，你會錯過哪些東西？你擔心的一切，可能不會發生。想想你可能錯過所有的機會。你可能會輸給的競爭對手、你永遠不會遇見的人、情人、追隨者、粉絲、客戶。想一想，如果你害怕前進，躲得太隱蔽而沒人看見你的話，十年後你會在哪裡？

- **請記住，你隨時可以「按刪除鈕」。**如果你真的不喜歡自己做的事情，或者事後覺得自己可以做得更好，那就把它「刪除」吧。但首先，你必須先展示出來，給它一個機會。你甚至可能會對結果感到驚訝，而且很高興你選擇不刪除它。如果「它」不能被刪除，因為它是你說過或做過的不能收回的事情，你依然可以從腦海中刪除。或知道，在五分鐘或一星期內，不管是誰都會忘記這件事。有時候乞求原諒總比尋求許可好。
- **擔起一些（更多）責任。**建立一個故障保護機制，迫使你為自己的計劃負責並堅持執行下去。當你沒能跨出圈子勇於嘗試，向世人展現你的作品時，請對此負責。無論是教練或指導者、是打賭或比賽、是社團或責任小組，或是在社交媒體上公開發布承諾，逼迫自己負起責任。

- **從你熟悉的事物開始。**如果你不確定該從哪裡開始，如果你的恐懼和自我價值問題佔了上風，那就從你最熟悉的事物開始。一個選定而適合你的方向，感興趣或富有經驗的領域。用這些無法撼動的東西建立你的信心，然後從那裡發揚光大。
- **要知道你有獨特的東西可以分享（畢竟，只有你才是你）。**不要僅僅因為你認為有人說得或做得比你更好，就限制你自己，不讓他人聽見你的聲音和想法。他們不能像你那樣做事或說話，因為世界上沒有其他人跟你一樣。你的利基裡有你的空間，而頂端也總是有空間。世界上有許多作家、企業家和有影響力的人，但我們不知是什麼緣分讓彼此吸引而在此相遇。

別再打安全牌，別想太多。現在就開始多多嘗試吧。

45 覺察、接受、行動

在第五章和第十一章中，我分享了一個簡單的三步驟——用3A這個口訣來管理和掌握你的自我價值：

一、**覺察（Be Aware）**：意識並掌握你的情緒。

二、**接受（Accept）**：事情注定就是如此，你無法改變。發覺一些你尚未意識到的關於自己的新面向，可以幫助你接受這一點。

三、**行動（Act）**：在任何情況下都能察覺平衡（在不利的狀況下找出優勢，反之亦然），然後積極主動地採取行動。

這個方法適用於對你的自我價值產生負面影響的所有領域。以下詳細說明幫助你確切實行三步驟方法：

覺察（Be Aware）——意識到並掌握你的情緒。

首先，注意情緒。身為人類，我們具有獨特的能力能意識到自己的情緒。我們能把自己從情緒中抽離出來，意識到這些情緒，並且對它們進行及時評估。這是一項非常了不起的技能，可以進一步多加利用。

我喜歡把它想成是把思想或意識一分為二——甚至是在我的腦裡分裂成兩個人或兩種聲音。其一是我所感受到的情緒，它可能很強烈，在我體內分泌許多化學物質。另一個則比較被動——一個觀察、注意和評論這些情緒的旁觀者。

比如說，我的書得到了一個一星評論，或是我太太「今天真的很累，想要早點上床睡覺」，又或是孩子們在凌晨四點不睡覺卻在打鬧。最初的原始情緒會自動爆發，可能是沮喪、憤怒或拒絕。接著情緒就越發高漲，然後過去發生的類似情境、心理包袱也跑了出來，情緒疊得更滿。然後……

暫停。

等一等。

觀察並斬斷連結。

（先）別打人。

然後進行步驟二……

接受（Accept）——事情注定就是如此。你無法改變。發覺一些你尚未意識到的關於自己的新面向，可以幫助你接受這一點。

你可以隨意發火，到處發洩，但這並不會改變任何事情。別再期望事情能有所不同，事情就是這樣，這就是應有的發展，而不是你希望的發展。

現在，尋找那些被原始情緒所遮蔽、就藏在你眼皮下，而你卻視若無睹的事實，那些你抱持偏頗心態去看待的事實。

過去已經過去，那些心理包袱與此刻的困境無關，別讓它們影響了現實，這是第一世界才有的困擾。我可以選擇讓情況對我造成哪些影響，我可以控制自己的情緒。它們無意讓我有這種感覺，但我為什麼卻感覺如此，我又應該從這種情況中學到什麼？

行動（Act）——在任何情況下都能察覺平衡（在不利的狀況下找出優勢，反之亦然）。然後積極主動地採取行動。

把這段話帶入你的處境，以另一種積極的觀點來看待整個情勢。

這樣的情況能為我帶來什麼恩賜？

我可以從一星評論中獲得寶貴的反饋意見嗎？並不是所有的評論都是五星，這是否會使其他評論看起來更可信？我是否會感到自慚而認清現實，因此更加努力為社會創造價值並持續改進？我是否有很多工作要做，所以實際上在凌晨四點起床對我有利？這是一個和孩子玩打鬧遊戲的機會嗎？可能會吵醒妻子，也許她會喜歡我們前一晚沒能擁有的摟抱……我現在在做夢嗎？這些挑戰是否能幫助我，在下次面對道更大的難題時，應對得更好？

接著做出一個明確而積極的決定。你將如何解決這個問題？下一步該採取什麼樣的措施才能解決？

不論面臨的挑戰有多大或小，你都可以應用這個「3A」步驟。

好消息是，每當世界向你提出挑戰時，你都可以練習，所以挑戰越大，你就越善於掌握這個方法。

我以前都不知道這是可以做到的，因為我總是成為自身情緒的受害者，受其控制。一旦我知道自己不必受情緒的控制後，這個過程有時候會花上我幾天，但就不用幾個禮拜那麼長了。每一次練習，你都可以縮短完成這些步驟所需的時間，甚至在某些情況下，你可以在一秒鐘或更短的時間內完成整個過程，自然而然成為情緒反應的一部分。

我發現，放手、不再那麼固執、停止懷恨在心，或者不用總是要當那個沒錯的人，確實有助於我更有效地管理自己的情緒。

適時地原諒自己和他人，不要什麼事都往心裡去，你可能會變得更快樂、做事更有效率，並且擁有更強大而堅定不移的自我價值。

Part 5

管理並掌握你的情緒

46 情緒會捉弄你

貫穿第二部分到第四部分的，是你可以用來增強自我價值所採取的積極步驟。第五部分將會對此進行補充，把重點擺在可以幫助你管理並掌握情緒的策略和戰術。

我相信，**管理情緒是改善整體生活的關鍵技能之一**。

有一段時間——基本上就是我二〇〇六年之前的人生，我完全沒有意識到，原來你真的可以「管理」自己的情緒，從來沒有人教過我這一點。雖然我的父親灌輸我一種信念：只要下定決心，就可以實現任何我想達成的事。但這並不足以讓我應對生活對我們帶來的最大挑戰——跟我們「發生什麼」無關，而是我們

「如何應對」。

只有當你自己成長，你的事業才能和你同步成長。你的人際關係，不論是在親密、專業或私人的領域，反映出你自己以及你在互動中如何對待他人、如何表達情感。你的財產只有在你能控制住不斷侵蝕財富的高漲情緒時才會增長；你的飲食習慣和健康狀況很大程度取決於你的情緒，影響最深遠的可能是你和自己的關係，還有你的自我價值。

一個人只要具有充分的心理健康和能力，就會體驗到每一種情緒。只因為感受到某些情緒而陷入掙扎，並不代表你就比別人差。

事實上，你是你，情緒是情緒；這些情緒都是短暫的感覺，你比任何一種情緒來的都要強大。情緒只是個人的內部反饋制度，幫助你獨立又和他人相互依賴地生存、成長和茁壯，它們幫助你應對環境、威脅和各種機會。

但它們的確會對你要花招，這就是本章的主題。

把你自己和當下的情緒區分開來，有助於你認清，什麼樣才是真正的你，這能幫助你做出明智的決定。

情緒的優點就是能為你的成長帶來有價值的反饋，缺點就是它會戲弄你。你會輕易而迅速地被誘導到去關注你的感受，而忘記真正的自己是誰。

你不是要死不活、彈力疲乏的彈簧圈；你不是無足輕重而配不上一切；你不是一個憤怒的混蛋；你不會因為嫉妒和仇恨而產生心理扭曲……但你偶爾可能會有這些感受，這些感受很強烈，也必須如此，它們必須比你的正面情緒強烈，因為它們需要提醒你迫在眉梢的威脅。你必須在日常生活中被打斷，這樣才能避開危險。

當下高漲的情緒很快就會消散，但你會伴隨自己一輩子，將來你會再次遇到那些情緒，所以當它們出現時，你必須要有一套應對它們的策略。

因此，要非常警惕情緒對你耍的把戲，其中包括：

- 讓事情看起來比實際情況更糟（或更困難）。
- 讓事情看起來比實際情況更好（或更容易）。
- 迫使你保持被動而非主動。
- 迫使你感到恐懼而非保持信念。

- 讓你不合理地質疑自己和自己的行為。
- 讓你因為當下的感受而做出一時的決定。
- 引發過去的情緒，對當下和未來的決定造成不利影響。
- 欺騙你讓你採取極端或片面的立場。
- 讓你當下的感受影響毫不相關的事情。

如果你遵循「3A」方法——覺察，接受，行動——那你就可以超越並倖免於情緒衝擊，而不做出任何魯莽、易變的決定（無論好的或壞的）。這適用於情緒性進食，情緒化的消費、借貸、發送電子郵件、辯論爭執、懲罰自己和他人、人際關係、雇用、解雇、投資……所有的事情。

當你經歷強烈或極端的情緒時，盡量不要做出任何決定。你會在情緒的逼迫下做出大多數**錯誤**的決定，就像大衛（或布魯斯）・班納（David (or Bruce) Banner）變身成綠巨人浩克（Hulk）又變回來時。

當你對剛收到的電子郵件感到非常生氣時，不要回信。

當你感到被人傷害時，不要大發雷霆說出傷人的話。

當你感到孤獨、被拒絕或沮喪時，不要暴飲暴食。

當你欣喜若狂時，不要瘋狂購物。不要把糟糕的一天發洩在你的孩子身上。

當酸民引誘你來一場線上「辯論」時，不要回應。

當拖延的慾望出現時，不要忘了自己的主要任務（我寫這本書時也提醒自己）。

你的情緒會為你帶來很多痛苦，讓你折服於它的慫恿，把你所有的痛苦和憤怒發洩到別人身上。你不只是把現在的情緒倒在他們身上；你把一生的不滿都傾洩出來。你不需要我來告訴你，當你做了這件事（你很清楚你做了這件事），你很可能會後悔。這讓你變得一團糟。你浪費了機會，朝著自己的臉開槍，不得不認錯道歉，就像尿在地毯上的小狗一樣。

只要等一會兒。不要做出反應，閉上嘴巴然後安然度過。

明天，或者一小時後，你就會感覺大不同。

只有小孩才會根據當下的感受行事。他們沒有吃過發脾氣後的苦頭，而你有這項經驗優勢。

你不應該一開始就相信自己的情緒。它們可能會過度反應，它們可能會以偏概全，它們可能會斷章取義，它們可能很幼稚，它們沒有全部的證據。僅僅因為你感覺很好或很糟，並不意味著事情就是那樣。

有人說你應該「相信你的感受」並且「認同你的情緒」。我不會相信說出這句話的人！你的感受可能愚弄並支配你，你的直覺往往是錯的——畢竟，你連自己不知道什麼都不知道。質疑你的情緒，對於它們想讓你做出什麼反應保持懷疑。然後，相信它們。

當我在從倫敦出發的火車上寫下這篇文章時，一個坐我正對面的男人正在享用起司通心麵，他張著嘴巴狼吞虎嚥，我完全可以看到他口中的食物。他一次只吃一口，然後等上三十秒，再慢慢吃一口。他這一餐從一九八五年就吃到現在，顯然是想惹惱我。我真的，真的很想把他那一盒起司通心麵拿去垃圾桶丟掉。

就在同一時間，列車長像在直升機上一樣開始廣播。她一口氣說出比Google儲存在數據中心的資訊更多的內容。我真的，真的很想抓住麥克風，拔掉它的電線並扔出窗外。他們不知道我正在寫書嗎？我在腦海中栩栩如生地想像一切。我的手臂越來越緊繃，並且感到一股胃灼熱。

當然，我沒有按照那些情緒來行動，我也沒有被關進監獄。有幾分鐘的時間，我全身上下的細胞都想那麼做。其中一分鐘，我也迷失了。

有一種強烈的情緒能夠產生一種暫時的自我價值感，那就是成為總是沒錯的那個人。如果你經歷過幾次這樣的循環，你就會知道，你很可能是對的，但沒有一個人會說「謝謝你告訴我，你是對的，喔！你真的是個值得敬仰又明智的人。我需要你在所有人面前毫不留情地把我擊垮，才能意識到我的方法錯了。」如果你是對的，他們會非常惱火。這對你有什麼好處呢？好吧，你會在短時間內感覺自己很重要。但接下來你就會感受到你的落敗。

現在那個人正在吃一大袋泰瑞（Tyrrell's）洋芋片，這真是史上最脆的洋芋片。在開我玩笑吧？請賜予我忍耐的力量啊！

總之，總結一下本章：

- 不要搞混短暫的情緒和你的內在自我價值。

- 不要讓自己內心的孩子做出魯莽、衝動的決定。
- 在情緒消退時，再抱持不偏頗的心態做出重要決定。
- 依情緒行事之前，先質疑你的情緒。
- 了解過去情緒化決定造成的影響，並將其作為現在和未來的反饋。

那些在你腦海裡的爭論不是真實的，雖然當下的你會覺得真實不虛。當心那些討厭的情緒陷阱，它們會在突然之間冒出來，蒙蔽你的雙眼。

隨時準備好，保持警戒吧！

47 明知不該做而做時……

有時我會陷入一種模式：怪我自己，怎麼那麼愛責怪自己。彷彿我還不夠苛責自己似的；我責備自己為何要苛求自己，然後我又覺得自己應該知道不該那麼做，所以我又再度責備自己。

我讀過、聽過成千上萬本個人發展和商業相關的書籍，參加各種課程，擁有許多指導者，以及過去十年來投入了那麼多資金，我真不該犯一些我所犯下的愚蠢的錯誤。

明知自己不該那麼做，提醒自己不要再犯下同樣的錯誤，但還是會犯。然而，更多時候，這只讓我覺得自己是個學習龜速的人，同時也是個白癡，因為我沒能將所學付諸行動，並且奮力實踐自己所宣揚的理念。

我是本書的作者，但我的自我價值仍然經常受到挑戰。在回倫敦的火車上，我遇到了億萬富翁，湯姆．杭特爵士（Sir Tom Hunter）。在和他接觸前，我非常緊張，開始斥責自己：「我不配上前認識他。如果他不喜歡我呢？」

我知道自己不應該這麼想，我真該讀讀自己的書。嗯。

那是下意識的動作。當我搭乘的電梯開始上升時，我對自己說了一句話，實際上是三個詞：覺察、接受、行動。我鼓勵自己，更重要的是讓自己克服恐懼。湯姆爵士非常親切，就像我認識的所有成功人士和超級富豪一樣。但是我仍然有這些焦慮和內心的聲音，它們一口一口地嚙食掉我的自我價值。

你可以到我的「顛覆性企業家」播客中收聽我們的對話，我們在節目中討論與新認識的成功人士見面時的感覺，還有他的企業和慈善事業。他不知道我當時的感受，腦海裡在想什麼，又對自己說了什麼。事實上，當我告訴他時，他感到非常驚訝。

這一點值得謹記：所有我們正在思考、感受、擔心、揣測和懷疑的事情，其實，其他人都不知道。他們對我們的看法，和我們對自己的看法完全一樣的可能性是微乎其微。他們的腦海裡可能有他們自己的聲音。比起我們對自己的想法，他們對我們的評價可能更加正面。記住：

- 我們都仍在學習改善中。
- 我們都在竭盡所能地盡力而為。
- 我們不斷地遇到自我價值的挑戰。
- 只因為你明知不該那麼做，卻還是做了，並不代表你更像是個失敗者。
- 只因為你繼續犯下以前犯過的錯誤，並不會使你變得更加受之有愧。

他們說：不要犯下同樣的錯誤。他們說：從錯誤中吸取教訓。這些都是紙上談兵的好建議，但完全脫離了現實世界。

每個人都再次會犯下同樣的錯誤，或者一而再，再而三地犯。因為我們就是我們自己：我們擅長於我們在行的，不擅長於我們不在行的。我們明知不該一次又一次地犯下同樣的錯誤，但我們還是犯了，這就是我們。

只要我們有良好的不再犯錯的意願，這樣就可以了，你能做到的最好程度就

足夠了。

在我個人發展歷程中的某一時刻，我開始覺得自己是人們所指的「上課狂人」，那個只追逐「新事物」的人，那個「一直讀書學習卻不付諸實行」的人。一個正在尋找新事物，好把他自己從上一件沒有花上足夠時間去做的事情拯救出來的人。我覺得自己總是在學習，卻沒有付諸行動。接著我會為此責怪自己，並且開始質疑每件事情。

然後我的一位指導者對我說：「羅伯，你永遠不會失去你所學到的，它們會跟著你，而當相關的機會出現時，你會發現它們。當你準備好了就是準備好了。要對自己有信心。」

從那之後，我了解到，怪罪自己以及覺得自己明知故犯，只會讓你更加緊張，更難抓住機會。如果你的大腦像乾燥的核桃一樣緊繃，它就無法充分發揮。壓力會降低你的創造力，因為它會讓你只著眼在壓力的來源或威脅，而非解決方案或機會。

我依然繼續學習，而不覺得自己需要中斷去實行上一次所學的內容，給自己增添一堆無謂的緊張和壓力。當然，也有付諸實行的時間，這兩樣都應該安排在你的每週日程中。

例如，本週我將為我的頂級培訓師開設一堂進階演講和銷售課程，我能夠利用過去十年來學習和投資的所有演講和銷售資料。當時我可能會覺得學習的比實際操作的多，但那些全都依然存在我的寶庫中，等著我提取。

你所學到的一切也是如此：它們會進入你的經驗之庫，並且建立在你「天生的」直覺之上，繼而幫助你做出更快、更好的決定。

48 自我意識和知識

我經常被問到：在公司／賺錢／生活／育兒方面學到的最大教訓是什麼？我認為自己在這些領域是並非無所不知的專家，但有個答案涵蓋了所有其他可能的答案：**如果你不能管理、掌握你的內在自我，就無法管理、掌握任何外在情況。**

除非你學會管理自己已有的東西，否則你將不會獲得更多的金錢、時間、自由和幸福。

蘇格拉底（Socrates）說：「認識自己是智慧的開端。」自我意識和知識來自於了解：

- 你告訴自己的謊言（關於讓自己擺脫困境、自己不夠好，等等）。

- 當你的情緒捉弄你時（情緒脅迫導致的一時決定，情緒波動和極端情緒）。
- 當你將過去的情感包袱帶入現在的決定時。
- 當情緒消退後，你會有不同的感受。
- 你不斷重複的模式以及所犯的一貫錯誤。
- 你的優點和缺點。
- 持續投資於累積你的知識、意識和經驗的重要性。
- 你如何影響他人以及你帶給他人的感受。
- 如何騙自己採取行動和進步，以及在事後做自我批評。
- 你的價值觀、自我認同、個人道德準則以及你會接受和拒絕的事物。
- 當你遇到極端情況時，如何集中注意力並保持平衡。
- 如何管理你的恐懼以及重大傷痛或情緒事件，並將其帶入當下的處境中。

我們花了很多時間在學習其他的人事物，卻不曾花那麼多的精力來了解自己。我上過的任何一所學校都沒有教導上述的事。這意味者，除了來自生活中的痛苦教訓之外，你不能指望這個世界會教導你關於你自己的知識，你必須自學。傳統教育會教導你謀生；自我教育則會教導你生活。

對於自己有清晰的認識，知道自己想成為什麼樣的人、想如何為人所知。堅持走上持續不斷的教育、發展和接受反饋之路。

覺察，接受，行動。

保持平衡的觀點。每當你情緒激動、反覆無常或偏頗時，都要提醒自己思考兩頭極端的見解。讓自己成為適當的內在顧問，而非內在批評者。尋求他人明智的建議，並且要擁有知道自己何時需要求助、發現自己阻礙到了自己的智慧。以下是你可以從事的實際操作，來持續發展並掌握你的自我意識和知識：

- 找一些優秀的指導者和聰明的人來拉拔你，幫助你提升自己。
- 持續閱讀、聆聽有聲書、播客和具有影響力的人物。
- 參加課程、研討會、大師授課和線上課程。
- 在專業和熱忱領域中，加入策畫小組或積極人際網絡。
- 觀看自傳和教育紀錄片。

- 加入你獨特領域專門的論壇和線上社團。

以下是一些批判性思考的題目，你可以試著練習這些思考來持續不斷地自我提升：

- 接受你無法控制的事物。
- 對於你能掌握的事物，負起全部和最終的責任。
- 永遠不要責怪、抱怨、辯護或辯解，而是盡力幫助和解決。
- 不要相信過度良好的自我感覺，同樣也不要認同過低的自我價值。
- 外在的認可絲毫不影響你對自己的認知。
- 以尋找解決方案為重點，對一切提出質疑，包括你內心的聲音。
- 享受你的成功，也承擔你的失敗。

有許多資質卓越的人才和失敗的天才，他們擁有一切，但卻缺乏保持平衡、謙卑和持續發展的意識。有些人因為內心的掙扎而自行摧毀生活中許多美好的事物。相反的，也有一些不被視為天才或特別的人，他們很了解自己（及自身的侷限性），並致力於自我發展。

史上最好的英國板球擊球手並不是最好的擊球手。葛拉罕・古奇（Graham Gooch）、凱文・皮特森（Kevin Pietersen）、大衛・高爾（David Gower）和其他許多人都有著各式各樣的重擊技巧、才華和明顯的天賦。儘管這些人都是比賽中的佼佼者，卻沒有一個人的分數能比得上阿拉斯泰爾・庫克。是的，我知道我在前幾章的時候已經讚賞過他的成就，但這裡還是值得再次提及。庫克知道自己的能力，他知道自己沒有其他擊球手那樣明顯的天賦。他在自己的世界中專注於兩種主要的揮擊技巧，儘管其他人擅長各種打擊技能，在漫長的職業生涯中獲得數百得分。他始終保持謙遜，維持體能，渴望改善他的表現。即使在職業生涯結束之際經歷了一次低潮，他依然參加了最後一場對抗賽並且獲得了七十和一百得分，成為板球歷史紀錄最多的英國擊球手。

如果你賺了錢，你也很容易失去它，但是一旦你學到了寶貴的東西，你就無法忘記。它會成為你的資產伴隨你一生，不斷反饋並改善你生活中的各個方面。

所以我說「**你是自己最棒的資產，支付自己最高的利息，明智地投資自己。**」

最後一件事，不要總是對自己太嚴苛，輕鬆一點，做個平易近人且有趣的人，成為別人喜歡打交道的人。

有時候我們很容易陷入文明世界的煩惱，花太多時間在忙碌生計，以至於忘記好好生活。

49 平衡的期望

我想現在你已經發現，我相信每個不利的情況下都有光明，每個有利的狀況中都有陰影。我相信所有事物都有一個平衡的悖論，這種悖論可以被視為一種矛盾，而這一點在我們設定期望時尤其明顯。

以下幾句名言就概括了設定期望的悖論：

「瞄準月亮吧！即使你沒射中，也會落在眾星之間。」——諾曼・文森・皮爾（Norman Vincent Peale）

「二十一歲時，我對人生的期望降到零。此後的一切都是額外的賞賜。」——史蒂芬・霍金（Stephen Hawking）

哪一個才正確？你是否應該管理和降低你的期望，這樣你就不會失望或失去動力？還是你應該設定遠大的目標和期望，這樣，即使你永遠達不到，你還是會順利地走在通往成功的道路上？

還有一句我稍早分享過的羅斯福（Roosevelt）名言：「比較是快樂的竊賊。」

你是否應該安然接受你所發生的一切，追求心靈層面的滿足和快樂？還是你應該努力追求並極力爭取想要的一切，拒絕接受現狀，不達目的不罷休？

如果有兩個人發生爭執，而你作為調解人卡在中間，那麼你很可能會聽到兩種失去平衡、非常單方面的觀點。雙方都堅持自己是對的，而對方是錯的，但這不可能都成立。

當我們要設定期望時，那些最能帶來力量，始終如一且歷久不衰的答案就來自於互相矛盾的兩端之間的平衡：

- 接受現實，但要爭取更多。
- 設定一個（遠大）目標，但也要享受旅程。

- 即使困難重重，還是要心存感激。
- 不抱期望，但要努力爭取。
- 竭盡所能，然後順其自然。
- 專注賺錢，但不要只關心錢。
- 先拿出成功者的高度和態度，然後再努力邁向成功。
- 要信任，但也要查證。
- 努力爭取，並且慶祝你所達成的。
- 大處著眼，小處著手。
- 冥想與實踐，開始起身力行。

社群媒體和主流媒體無法幫助你保持平衡的期望和觀點，它們大多是為了吸眼球而產出的極端、片面、富有爭議的內容。當心別被這些媒體和騙點閱率的偏頗文章所洗腦。

保持智慧與長壽的關鍵就在於兩個極端力量互相拉扯而取得的平衡。抱著期望，同時也不抱期望。努力爭取，同時也放下執著。堅持要求，同時也欣然接受。

甚至平衡也是個悖論：知道你可能永遠也達不到平衡，但卻依然努力尋求平衡。平衡本身就像一座翹翹板，很少達到完全平衡的狀態。即使沒人坐在上面，它也是一側朝上，另一側朝下。即使兩個人坐上去，它也會一上一下地擺動。運動中的翹翹板不斷地從一個極端變到另一個極端。

我既熱愛又痛恨寫書。我會從不知所措到煩悶難耐。我會從灰心喪氣到充滿動力。這一切又與其他事物展開搏鬥，製造出一股搖擺在秩序與混亂之間的張力。即使我們認為自己想要的是秩序，我們其實也需要混亂，反之亦然。我們的艱困奮鬥決定了我們的成功。

你願意為什麼而奮鬥？你願意承受什麼樣的痛苦？放開片面的幻想，與期望的悖論共舞吧！不抱期望地追求一切。

享受旅程，同時專注於目標。要明白你值得享有這一切，同時也要努力變得越來越好。愛你自己，同時也要知道你想成為什麼樣的人。

50 愛與感激

據我所知，一個人不可能在同時間心存感激又充滿怨恨。我想說的是，你不可能同時既愛又恨，但如果你結了婚，或是有了小孩，你可能會有不一樣的感受。

我相信，**消除所有痛苦的最好方法就是愛與感激**，它們是最純粹的情感。

我的一位指導者約翰・迪馬提尼博士（Dr John Demartini）說：「感激和愛，是人類僅有的兩種純粹而超然的情感。」我仍在試圖理解這句話的真正意涵，但無論你面臨多大的挑戰、問題和痛苦，當你讓自己感受到愛與感激時，它們都會立即消散。

立刻將注意力從你缺乏的轉移到你擁有的，原本視為詛咒的也會變成一種恩賜。知足能夠治癒你的恐懼和失敗。

你之所以不會在孩子們每次崩潰時就把他們送去給人領養，是因為儘管他們為你帶來了種種挑戰，你還是從不懷疑自己對他們的愛。你相信他們是身不由己，因為你知道他們還在學習控制自己的情緒，你知道他們是可愛的小大人。如果我們能用這樣的態度對待生活中的其他人、面對挑戰我們的處境，那麼我們就能超越焦慮、壓力、憤怒和憎恨——所有損害我們自我價值的情緒。

懷抱著愛與感激之情，如此你就足夠了，其他人也都足夠了。一切按照應有的方式進行，而不是依照你希望的那樣。

愛與感激把我們連結在一起。我們體內的催產素是由表示感謝、感恩等行為所觸發，這些都會引發親社會行為，比如信任他人、表達慷慨和喜愛。

「**細數**你擁有的幸福」、「**學會**感恩」和「**表達**感謝」這三句話都包含實際的動作，而愛與感激不僅僅是你感受到的情緒——你也可以做到並且實踐它們。提高自己實行和感受它們的能力，作為培養這項技能的獎勵，同時你也會獲得更多的愛與感激。

我相信冥想、正念覺察以及靈性觀點在此可以充分發揮它們的力量。這些練習可以提高你的能力，讓你感受到並創造出更多的愛與感激之情。它們可以使你建立增強自信的習慣，讓你在充滿挑戰的情況中做出更積極、更富成效的反應，並且控制我們周圍所有威脅所引發的壓力賀爾蒙。

當然，這並不總是那麼容易。就在你覺得自己已經控制住對周圍的反應時，難題就隨之而來，不然就是令人震驚的事物出其不意地襲來。又或者那件真正惹惱你的事不停發生，就像一隻猴子爬在你背上，怎麼樣都無法擺脫。但正是在這些充滿挑戰和艱難的時刻，你才能真正實踐愛與感激，因為任何人都可以在生活順遂時做到這一點。

練習從別人的角度看世界，以幫助你理解和同情他們的處境。當事情進展順利時要練習心存感激，而不是忽略跳過，或是感覺自己受之有愧。當事情進展不順利時要學會感恩。你可在任何情況下都抱持感恩的心：

- 對逆境中的美好事物心存感激。

- 慶幸事情沒有惡化（因為事情總是可能變得更糟）。
- 對自己的成長心存感激。
- 慶幸自己有能力且準備好迎接當前的挑戰。
- 慶幸時機可能更糟。
- 慶幸你能保護並且告訴他人應對挑戰的方法。
- 慶幸此一挑戰將吸引合適的人到來與你建立更深的聯繫。

愛與感激是治癒所有低落自我價值的方法。你擁有內在的力量，還有手中的解藥；你只需要做出選擇。每天練習感恩，我喜歡睡前在腦海中一一列出我所感恩的事情。另外，試圖在一天中找出你所感激的事情——無論是小事情還是大事。你做得越多，就能感受到越多。

心存感激會帶來更多的愛，這種愛是帶著自信、泰然自若的感覺，而不是迷戀、多愁善感的愛。愛會帶來確定性、靈感、意志、力量、活力、自由和清晰的思維。而這些又會帶來更多的感激之情，從而立即超越所有與自我價值相關的問題。喔，對了！也要練習愛自己。

51 凡是吞下去的，一定會找出口宣洩

有時候，我會變成一個怒氣沖沖的討厭鬼。我可能會嫉妒到發瘋。我渴望拒絕那些過去拒絕我的人，期盼傷害那些過去傷害我的人。吃我這一招吧，混蛋！但我也不喜歡和別人對抗，我不想讓對方生氣。我不想引起任何衝突，我很軟弱。我希望他們都喜歡我，拜託請喜歡我。

在過去，我每天都會被許多事情激怒，不滿持續累積，怒氣不斷擴大。我本想把一切發洩出來，但是沒有勇氣，所以我就忍住。但是任何一個有壓力積聚的東西，都必須在某個地方安裝一個出口閥。而我沒有出口。當沒有出口閥時，壓力逐漸增大，直到最後發生宇宙級震耳欲聾的爆炸。

我每年大約會發生兩次這種宇宙級的爆炸。我的感覺完全失去控制，我可能會在一怒之下揚言要毆打我所有的朋友（儘管我從來沒打過）。我可能會對著一扇門或一面牆又踢又揍，割傷或折斷我的指關節和蹠骨。

我可能會把附近的任何東西（檯燈、筆電、隨身聽、電話、高爾夫球袋——全都被我狠狠地揍過一頓）都砸得粉碎。我可能會同時咆哮、大叫又哀號。這一直是我的詛咒，直到我二十五歲。

儘管當時我覺得這是有必要的——我必須擺脫這種壓力——但這並不健康。這是我體內的能量守恆定律。我放任它累積並形成熊熊怒火。當勃然大怒得以宣洩時，我會在週遭製造混亂，而當一切歸於平靜後，極度的罪惡感就會來臨，然後另一個循環又會慢慢地開始。我只是把這歸因於自己偶有的怒氣問題，這是我自己必須接受和忍受的事情。然而，如果我沒有解決這個問題，它可能會讓我對自己或所關心之人做出不好的事情。

在我分享如何安全又安靜地釋放自己強烈（尤其是負面）的情緒之前，我們有時可以承認：

- 你的丈夫／妻子／伴侶真是會惹你生氣。
- 你的孩子會讓你發瘋。
- 你的朋友和同事可能是超級大混蛋。
- 你的客戶可以像個幼稚的混帳一樣跟你抱怨。

總的來說，人們之所以來到世界上都是為了要不斷地搞死你

我曾經試圖否認這些。

人性本善，不是嗎？你應該永遠看見別人的優點，不是嗎？人們已經盡力而為了，不是嗎？他們不是故意惹你生氣的，不是嗎？從他們的角度來看事情……

對啦，或許吧，但他們還是讓你生氣了。

為了使你避免對著他們大吼大叫，在強烈情緒的脅迫之下做出非常愚蠢的事情之前，你可以採取兩個階段：

- 第一階段：透過替代的行為或反應來阻止自己說出或做出愚蠢的事。
- 第二階段：設計一種宣洩的方式，以紓解情緒並停止「壓力積累——破壞東西」的模式（向外部利用能量守恆定律）。

以下是處理第一階段的方法：

- 即使很難做到，也要學會微笑。聆聽、觀察，甚至感謝他們。
- 試著理解他們可能也在處理自己的難題和情緒。
- 保持安靜。什麼也別說。不要回覆電子郵件。不要採取報復行動。什麼也別做。
- 讓人們說話，咆哮，發洩情緒。通常，他們會冷靜下來。
- 關心他們。渴望解決問題。
- 慶幸你能控制自己的反應，並且審慎回應。
- 碰上極端的狀況時，離開那個環境。

給自己一些時間冷靜下來，恢復鎮定。讓情緒平靜下來，獲得平衡、邏輯和清晰的思路。有時，其實你只需要一些時間來呼吸或思考，就能釋放情緒和局勢的壓力。其他時候，為了停止壓力越來越快的積累，請嘗試以下方法，這有助於實施第二階段：。

- 找一個你信任，可以對他怒吼抱怨的朋友。
- 找一些可以為你提供建議，使你保持平衡，值得信賴而明智的顧問或指導者。
- 寫下你的感受或將其寫在日記裡（私人日記或公開的部落格）。
- 尋找創意的抒發方式（音樂、藝術、建立YouTube頻道、播客等等）。
- 透過運動發洩（健身、武術、攀岩等等）。

人們經常問我如何寫出這麼多本書，如何創造出這麼多播客和網站上的內容？直到最近我才能真正回答這個問題。我只覺得這就是我做的事情，很普通而且很容易。但現在我又重新思考了一次。我想，真正的原因是我就是一團糟！我寫的書、播客、部落格、文章、直播影片和抱怨，對我來說就是一種治療。許多我「憋住」的東西（內心深處想要大發一場脾氣，但同時又想維持表面的尊嚴和尊重），透過寫作、分享和教學才得以抒發出來。尤其是大聲抱怨，對我來說，這是一種非常健康的宣洩方式。它還可以幫助他人並且建立我的品牌，繼而給了我良好的外部認可，回饋並增加了我的自我價值。

你完全可以照剛剛提到的方法來執行，找到你自己的創意宣洩方式。你能把那些強烈的內在情緒向外引導，變成利人利己的事物嗎？你能利用自己感受到的痛苦來幫助並啟發他人嗎？

想想看：如果你把一切憋在心裡的話，它要麼會以你無法控制的方式宣洩出來，要麼更糟，導致壓力、憂鬱或某些疾病，反過來更進一步侵蝕你的自我價值。你反而應該磨練強烈的負面能量，把它變成有用、有意義的東西。就像J·K·羅琳、歐普拉和。湯姆·克魯斯（參見第四十四章）。

最後一件很重要的事，我從不後悔閉上嘴巴然後保持微笑，但我可以想起很多次我後悔張嘴大聲斥責。

沉默的微笑更勝千言萬語。在壓力下不失風度，保持微笑，離開現場，然後在更正向，更有成效的地方釋放你的壓力。

52 要懂得求助

我很困惑，為什麼這麼多人覺得尋求幫助是一種軟弱的表現？也許是因為我們不想被視為脆弱的人？也許我們太驕傲了，自尊心過剩造成了阻礙？也許我們想維持一個完美（但虛假）的形象？也許我們受到社會的壓力，必須要積極而富有韌性？我們都苦苦掙扎。我們都感到失落。我們依賴彼此的支持，我們依靠彼此而生存。

身為一個物種，我們在互相依存和互動中蓬勃發展。為了生存和進化，我們一直都在互相幫助。那麼，尋求幫助，尤其是當你真的需要幫助時，與我們長久以來所做的事情又有什麼不同呢？我曾經期盼我的妻子可以單憑直覺就了解我想要的一切，就好像她能讀懂我的心思那樣。我不會說出口，也許是害怕被拒絕或期待，而是坐著等待，希望她能讀懂我的心思，滿足我所有的願望。有趣的是，她並不精通心靈感應（她真的需要好好練習一下，但我才不會告訴她這句話！）。

向他人尋求幫助有許多實際的好處，我會一一列舉出來，它們明確、顯而易見而且很實際。練習尋求更多幫助，尤其是當你最需要的時候。不要一個人獨自苦惱，有人可以幫忙，人們想要幫忙：

- 如果你不尋求幫助，他們就不知道你需要幫助，也就無從提供幫助。
- 這是解決問題更快、更簡單的方法。
- 人們喜歡幫助他人，所以你為他們提供了一個機會。
- 你需要一個全新的視角：可以透過他人的意見來解決你所製造的問題。
- 它能教會你謙遜和學習的欲望——這是很棒的生活技能。
- 它能激勵其他也在努力尋求幫助的人。

我曾經認為最聰明的人從不需要求助，我錯了。在我的新觀念裡，完全反過來。最聰明的人會尋求幫助，指導者不只是指導他人，他們還有自己的指導者，也會尋求幫助。這是一種優勢而不是劣勢。要堅定地主動伸手尋求幫助。

如果你真的很掙扎，請尋求幫助。如果情況真的很糟，請尋求專業幫助。我爸痛恨看醫生，但如果他有問題，而只有專業人士才能幫他解決，去看醫生並不會讓他變得軟弱。這對你的心理健康和身體健康同等重要。

如果你上Google搜尋「憂鬱症，需要幫忙」或「出現自殺念頭，需要幫忙」，就會看到許多很棒的組織可以提供即時的電話支援。如果情況不好，但又沒那麼糟，你可以聯絡我，在我的社交媒體平臺上留訊息（搜尋Rob Moore或是Rob Moore Progressive），如果我能幫上忙，我會竭盡所能幫助你。

我在播客和YouTube頻道上也做過關於如何應對憂鬱症的影片（不可否認，大多數都是採訪企業家），它們都收到很好的回饋。請點閱那些影片，或分享給正在水深火熱，需要幫助的那個人。

你並不孤單——永遠不要忘記這一點。

請尋求幫助。

53 要到什麼程度才足夠？

你想要力爭上游，但也想在此刻享受快樂生活。你需要對於未來憧憬的渴求、迫不及待和責任感來驅使你前進，但這也令人感到沮喪、混亂和艱難。你想要有所成長，變得更好也更強大，但你也想讚賞並沉浸於自己目前已取得的成就。你想成為一個更好的人，但也想對自己的現狀感到滿意。

問題是，這些都不能成為社交媒體上讓人眼睛為之一亮的金句。每個人都寫著：

努力工作，全年無休。

#沒吃午餐 #沒有休假#每週工作100小時

或是

接受一切。順其自然。心存感激，活在當下。

所以，哪一種才是對的？好吧，兩種都對，也都不對。

儘管我們要追求的永遠不夠多，但你**已經**夠好了。你值得享有你渴望的一切。你有太多需要感謝和值得高興的事。你不需要證明什麼，事情本該就是那樣的。

而你想要變得更好，更加努力，擁有更多。然後，當你全部達成時，你又會想要變得再更好，再更努力，擁有再更多。當你再次達成目標後，循環依然持續下去。本來就應該如此。朝著值得追求的目標前進就是幸福。

如果不是因為我們的不安全感、內疚感、低落的自我價值，挫折感——我們在生活中感受到的所有空缺——我們將沒有什麼好去填補或實現的了。

我們沒有動力去努力奮鬥，就不會有解決方案、服務或進步。我們的價值觀與我們生活中的空白相連：我們尋求填補或實現我們所缺乏的，填補空缺，這迫使我們成長，達到目標，自我實現。

有時候這些空白被填補了，你感覺良好，但卻不再出現進展。如果我們實現了一種價值，那麼它只是改變了形式，進而產生新的空白。

- 也許你擺脫了債務，然而一旦空虛感和痛苦消失了，你就會開始花錢，再次被誘惑掉入泥沼。
- 也許當你單身的時候，每天會去健身房兩次，把自己練得精實又肌肉飽滿，但是當你在一段感情中感到自在舒適時，每天晚上看Netflix就搭配兩桶班傑利（Ben & Jerry's）冰淇淋。
- 也許你賺了足夠的錢可以退休，但隨後覺得人生無趣又漫無目的。
- 也許你渴望有一個孩子這麼久了，但當他們到來時，創造出一個全新的混亂。每個人都警告過你，但你卻搞不清楚狀況。
- 也許你變成那種對孩子盡心盡力的家長，以至於忘記自己本來的生活，把自己的需求放在最底層，比狗還不如。
- 也許你希望在孩子成長時，花多點時間和他們相處，但你卻花了太多時間在上頭，以至於你的謀生能力下降，孩子們把你的付出視為理所當然。你希望生活能更加多樣化。

- 也許你想成立自己的公司，然後你就從每星期為別人工作四十小時，變成每星期為自己工作八十小時。也許你離開上一份工作，卻發現你不喜歡新公司的同事或文化。

在生活上的其他地方，這些空缺——也許和你最大的痛苦有關——從來沒被補上。所以我們窮其一生為了更多的錢、激發腎上腺素的刺激生活、性伴侶、成功、愛、尊重和奉承而努力奮鬥。在這些畢生的追求中，我們經歷了暫時的滿足，然後新的空缺於是浮現，我們便再度踏上追尋的旅程。然而這不一定是詛咒，它也可以是一種恩賜。這就是促使伊隆・馬斯克（Elon Musk）製造電動車電池和火箭的動力；正是這一點促使史帝夫・賈伯斯（Steve Jobs）不斷追求完美和創新；正是這一點促使湯馬士・愛迪生（Thomas Edison）透過一萬次實驗來發明燈泡；正是這一點驅動著歐普拉、湯姆・杭特爵士以及雪柔・桑德柏格（Sheryl Sandberg）……這些空缺推動了人類的進步。

無時無刻，你都面臨著這樣一個矛盾：要再更拚命奮鬥，還是要感謝並滿足於自己此刻的成就。

每一刻，你都面臨著這樣的內在掙扎：要選擇短期廉價的快樂，還是長期能實現個人抱負的幸福。時時刻刻，你都面臨著這樣一場角力。你已經是獨一無二的、值得享有一切的人，還是受空缺驅使成為你想要成為的人。

我不敢說自己知道生命的意義，但持續控制並管理這些對立力量的拉扯，可能會使你在追求成長和自我滿足之間保持穩定的平衡。

下面這些平衡的觀點應該可以幫助到你：

- 滿足於你不斷追求更多的渴望。
- 要無私也要自私。
- 設定目標，但也享受過程。
- 慶祝點滴的成功、失敗以及達成的宏大目標。
- 既放眼未來，也活在當下。
- 擁抱秩序與混亂，控制和放手，欣然接受和堅持要求。

- 追求財富、熱愛生活和付出。
- 要知道你值得更多，而且你已經很棒了。

在結束本書的倒數第二部分時，我想分享一下我對於個人現實生活中的超級英雄的想法。我認為克里斯多夫．李維（Christopher Reeve）的英雄生涯對我們所有人來說都是一個教訓，他用這段話概括了那麼多事情，他說：「英雄就是一個普通人，儘管面臨著壓倒一切的障礙，但他仍然能找到力量堅持下去。」

李維的自我價值和探索之旅，包括一路走來的奮鬥，幫助了我們之中的許多人真正地體會到自己真實的樣貌。

安息吧，克里斯多夫．李維。你在今天仍然像我小時候一樣激勵著我。謝謝你幫助我和其他許多人尊重自己。

Part 6

自我價值就等於人際價值

54 你的價值就是你的財富

你越重視自己，世界就會越重視你；你對自己投資越多，世界也會越樂意投資在你身上。

如果你覺得自己有價值，你就是富有的。你的財富可能存在於你的人際關係，同理心、嗜好或運動、專業知識領域、你的孩子，或任何你認為最有價值並持續專注於其中的事物。

如果你在經濟上還不富裕，你只是還沒學會如何把這些財富轉化為現金而已。地球上有數百萬的人這麼做：搖滾樂團、藝術家、廚師、巧克力師、設計師、發明家、訓狗師、木偶戲表演者、樂高組裝者、飛鏢選手、馬語者……任何一個奇怪而美妙的工作，都已經有人從其中賺上數百萬。

如果他們做得到，你也可以。

我承認，多年來我都不知道該怎麼做。

從很小的時候，我爸就讓我幫他工作賺外快，每週付我一英鎊，讓我一大早在他酒吧裡收拾整理。根本是壓榨童工對吧！他偶爾會給我一次特別任務，支付我更高的薪水；他也會用金錢來激勵我用功讀書或努力工作。

我長大後一直在尋找捷徑。主要是直接跟我爸要錢而不是替他工作。我知道他不只是給我錢，而是努力教導我賺錢的價值，但他小時候的成長環境非常辛苦，他什麼也沒有（除了一點麵包，他總是這麼告訴我）。正因如此，他偶爾會對我有求必應，如果我開口跟他要錢的話，他就會給我。

當然，我一發現有這條捷徑，就更加依賴這個方法，不再努力工作賺錢了。當我爸發現我鑽這種漏洞，他對我感到失望，然後我也對自己伸手要錢感到內疚——但仍然不想做那些辛苦的工作來賺錢。

我爸有時甚至會對我要錢的舉動感到怒不可遏，害我覺得伸手要錢是件丟臉的事。偶爾他會從屁股口袋直接掏出錢，扔在地上，然後大喊：「你他媽的拿去啦！」，我就得深感愧疚地撿起來。

當然，這裡充滿了很多下意識的舉動。我爸只是承襲他過去被教導和他認為的金錢觀，把這些帶到當下的狀況。我經常在他不方便的時候跟他討錢，或是剛好碰到他很忙、壓力山大的時候，所以那些情緒都會被發洩在我身上。

然後，我會體驗到自己對於金錢的情緒，像是內疚、恐懼和羞恥一類的。當這些情緒強烈時，它們會在大腦和身體中產生化學記憶，透過固定的神經網路養成一種習慣。

習慣說穿了只是一種情緒模式，會不斷反復出現，直到變成下意識的行為。所以甚至在成年後，只要每次我想從別人那裡獲取金錢時，我都會有同樣的感受。這不是此刻的實際狀況；而是過去的情形在當下上演。一想到要向別人開口要錢，我的大腦就會浮現這些情緒。

長大後，這使我在金錢方面更加有所顧忌。由於複合效應，這些情緒變得更加強烈，我甚至完全不敢開口要錢。我畫圖並創作藝術，但我從不帶作品去畫廊或努力兜售它們。我竭盡所能保護自己不受負面情緒影響，所以從未讓自己陷入需要開口要錢的困境——即使是作為工作上的公平回報。

更糟的是，我會把所有時間花在毫無生產力的地方，說服自己事情會自然好轉，從不面對這樣的現實：為了要賺更多的錢，我不得不挑戰那些強烈的情緒。如果我之前的作品沒賣出去，我就繼續畫更多，說服自己「一切都會好起來的」，而這完全是個大謊言。

我簡直就是讓二十多年前小時候發生的事情危及我的整個未來。諷刺的是，當下的這些事情一點也不像我童年的經歷，但我把過去的情緒強加在當下，把這些經歷變也變得痛苦起來。

任何一個對金錢有強烈負面（或極度正面）情緒的人，都會有自己版本的這樣一個故事。在我們進入本書最後一部分之前，回想一下你過去在金錢上遇到的困難或負面經驗，並且伴隨著強烈情緒的事件，或許會對你有所幫助。可能是父母帶給你的金錢觀；可能是因為你家境貧乏（或家境富裕）而被拒絕或嘲笑的感受；可能是你對某個因為某種原因而討厭的富人的反應。

如果你花點時間思考這個問題，就可以追溯到讓你在金錢上第一次產生抗拒和障礙的特定時間點或一系列的事件。

當你意識到，這些並非真正的現實，不過是由你的感知所形成的，你就可以改變該事件所賦予你的意義。

稍後我將分享一些常見的金錢障礙，但首先我們來看看我所發生的，既貧困又富裕的經歷。

55 經歷財富的高低起落

從我們對環境做出反應的意義上來說，我們都是環境的產物。我們的情緒是我們對所處環境的反應和反饋，因此，我們對金錢的信念，以及我們賦予它的意義、相關經歷和情緒，都來自於與金錢有關的環境經歷。

我們的經驗不是事實，它只是我們「感知到」的現實。因此，不論你在金錢方面有什麼樣的經歷，都可以透過改寫意義和創造新的經驗來重塑。有些人在難以賺錢的環境中成長，在金錢方面有許多痛苦的經歷。他們將這些經歷延續到現在的每一刻，從而將他們過去的經歷和信念體現在未來的情境中。其他人則是在賺錢容易、富裕的環境中長大，這「寵壞」了某一部分的人，但對其他許多人來說，這讓他們更懂得珍惜和感謝。

世界上大多數的人並不富裕，但他們把自己的信念和經驗投射成金錢的「現實」。我們都在表達自己的真理，試圖說服他人相信我們的真理。當然，此刻我也在這麼做，但我是少數經歷過貧困和富裕的人之一——我既貧窮又富有。

世界上有許多一貧如洗的人會告訴你金錢的邪惡之處，即使他們從未富有過。我的父母都是在第一世界的貧困中長大，他們給了我所需要和想要的一切，辛勤地工作，讓我過上美好的生活。從十八到二十五歲這段期間，我恣意揮霍掉他們給我的一切，欠了一屁股債。我為所欲為，忘恩負義，最終演變成無盡的痛苦和怨恨。我把這些情感投射到每個有錢人身上，並且深陷在這些情緒之中。仇富比承認自己沒有充分發揮潛力要來得容易，也安全的多。

然而，我成功擺脫了這個惡性循環，某部分是靠運氣，某部分是偶然，還有一部分是從我早年崇拜父親以來就有的一種渴望。

我閱讀理財方面的書，以及有錢人和成功人士的自傳。我參加課程和策劃小組。我開始和有錢人混在一起，向他們學習。我和以前的情感記憶和習慣搏鬥，讓事情起了變化。

在一年內，我付清了五萬英鎊的消費債務，並且沒花上自己半毛錢就買了二十處房產。在二十幾歲的後半段，我獲得了經濟自由，在三十到三十一歲之間成了百萬富翁。我記得自己還有點生氣，因為目標是要在三十歲之前達成。後來我成了千萬富翁，不斷擴大我的公司，直到營業額超過一億英鎊。

基於我過去的經歷和脆弱，我寫這篇文章時帶著些許的恐懼，因為我知道有些人可能會批評我。但我也挑戰自己寫下這些並將其發布，因為我知道其他人會為此而愛我。

有些人會因為我的優點而憎恨我，而另一些人會因為我的本色而接受我。

我曾經一貧如洗，也達到財富的巔峰。在幾十年的經驗中，我做出了準確的決策。我可以毫不含糊地說：富裕遠比貧困好。雖然我並不完美，還有很多缺點，但我更喜歡現在的自己，我快樂多了。

我很幸運能夠貢獻己力，付出我的時間、經驗和財富來幫助他人。我支付比以往更高額的各式各樣稅金。我公司的營業房產稅、增值稅、雇主和員工的國民保險、公司稅、所得稅，總計數以百萬。比起貧困的時候，現在的我能幫助、啟發和教導的人多更多，我的自我價值也高得多。我的願景更加宏大，給人們留下的東西也更多。

金錢使我成為更好的人，金錢教會了我許多寶貴的教訓。比起金錢，我甚至更看重賺錢、管理和掌握金錢帶給我的教訓和經驗。金錢是不斷給予的禮物，而且似乎從未停止過。

當然，富裕也有它的缺點：要擔起責任、面對批評和酸民、額外的保護措施、更高的保險費、更多的損失、更多人評斷你。但這些就是代價，我非常樂意付出的代價。對我而言，貧困的代價就是我的幸福、自我價值和自信……有那麼一些人和經驗，會因為我沒有錢而永遠無法接觸和獲得。

你的經歷造就了現在的你，而我不並是在評斷這一點。我只是想說，在金錢方面，你不必拘泥於那些剝奪你財富和幸福的經驗，你可以掌控一切，你可以改變過去的經歷和意義。你可以賦予金錢任何的意義，因為我們都是根據自己的經驗，而不是根據現實來創造意義。

金錢沒有善惡之分。金錢不會評斷一個人。金錢沒有罪惡感，也沒有羞恥心。金錢就是金錢。是人們賦予它意義、用途和功能。金錢就和思想一樣具有可塑性——它是一種工具，用來創造你想要的任何東西。

那麼，你有多想要致富呢？你準備放下哪些過去的經歷來達成目標呢？

56 自我價值×人脈

許多人說「你的人脈等於你的淨值」。我想稍微修改成：你的自我價值乘以你的人脈，等於你的淨值。

世界上所有的金錢都是通過人在流通，人是金錢的管道——金錢從他們流向你，從你流向他們，並直接通過你。這就是為什麼你的人脈就等於你的淨值。你認識的有錢人越多，或是有更多的朋友，他們的朋友是有錢人，金錢就越有可能流向你。

如果你時常與之來往的人，他們的個人淨值是負的，那麼你的淨值很有可能也差不多。我們的行為深受周遭他人的影響，常常不自覺地模仿他們。除此之外，還有很實際的流動資金多寡問題。如果我們**身邊**流動的金錢稀少，那錢就沒辦法**流向**我們。但如果有幾十億的資金在人群之間流動，或許刪去人際網路的一、兩個層級，這些錢就更有可能流向我們。

畢竟，金錢只是一種能量的傳遞，你無法感受到千里之外的火有多熱。而金錢就是一種價值的交換。金錢是價值的客觀衡量，轉換成貨幣。「currency（貨幣）」這個詞源於拉丁語動詞的「流動、奔跑」。

你把潛在的價值轉化成有形的事物。一開始，能量以想法、解決方案、產品或服務的形式呈現。這些能量被轉化成可以兌換成貨幣的有形事物。在一個公平交易的環境下，流向你的資金和解決方案或產品的品質、大小、價值和規模處於同等的平衡，使你的利潤和對方認為的價值相等。

你的自我價值會下意識地驅動這種能量交換。你的自我價值被轉化為對自己產品的熱忱和生產的幹勁，然後又轉化成行銷和銷售產品的活力，接著再投入到你所接觸的人們，表現你出色的工作能力，最後變成公平交易過程中，吸引資金的推銷、訂價和說服的力量。

低落的自我價值，源自於為數不多的能量交換。如果不劃火柴，就無法生火。當自我價值增加時，就會啟動更多的能量交換，如漣漪般接著影響到產出、週遭的人、訂價和能否說服對方——所有這些都是進行商業交易時必經的過程，不論是在談論薪水、貸款，還是所得。

當你在公平交易下，吸引資金來交換你的精力和價值產出時，你的自我價值決定了你獲得和管理這筆錢的方式。最不看重金錢的人往往會把它送給最看重金錢的人。在財務上自我價值低落的人，要嘛不善於接受金錢，要麼就以消費習慣、成癮或負債的方式把錢趕走，以支撐或暫時提高他的自我價值。

你可以不停地往桶子裡裝水，但如果你不把破洞堵住，桶子的水永遠裝不滿。這在某種程度上解釋了為什麼許多人會掉入這個陷阱：儘管他們經常賺大錢，卻總是入不敷出。

57 常見的金錢障礙

在本章中，我將介紹一些各行各業的人們最常見的金錢困擾。你可能會在自己或他人身上看到這些想法或經歷。記住，這些沒有一個是真實的，它們都是建立在你的負面情緒和行為的負面經歷之上。

一、你因為擔心沒有（足夠的）錢，而選擇留在一段感情、合夥和依賴關係裡。

許多人在不是主要賺錢者的情況下，已經變得舒適、依賴或困在一段感情或合夥關係中。隨著時間的推移，他們漸漸有了這樣的想法：沒有另一半，他們就沒辦法自己賺錢，從而讓自己陷入困境。

在任何一段感情或合夥關係中，你當然必須充分利用責任和任務，但沒有什麼能阻止你發展自己的資金管理能力、自己的收入來源，以及對未來不確定性的保護措施。

如果你知道這段合夥關係或感情是錯誤的，不要因為你覺得自己別無選擇而永遠深陷其中。要知道金錢是一種豐富且幾乎無限的資源，並且要瞭解到：如果你知道自己的價值，並學會管理和掌握金錢，你就有無限的賺錢潛力。

二、你從不花錢，因為擔心將來錢不夠。

囤積者、儲蓄者和藏錢者都抱持著一種錢不足夠的心態。他們可能經歷了過去的損失和痛苦，也可能是在金錢匱乏的環境中長大。雖然存錢和理財很重要，但這可能會導致偏執或過分吝嗇，以至於沒有人會願意給你錢。世界將會給予贈與者更多，金錢需要流動才能充分發揮作用。更加謹慎和不願意使用你的錢會讓人擔心這些錢就是你的全部，你在未來無法獲得更多，而金錢在實際上幾乎是一種無限的資源。

有時候你必須藉由投資和投機來累積財富。有時候你必須多花點錢來吸引更多的錢。有時候你必須付出才能得到回報。

三、你接受較低的金錢標準。

如果我們的自我價值低落，我們可能會接受較低的金錢標準，比如從事對我們來說不夠好的工作，拿著與我們技能或經驗不符的薪水，為沒有利潤，或更糟的，替虧損的公司做無償或廉價的工作。我們可能會和其他較低金錢價值的人在一塊，進而鞏固我們較低的標準。

我們可能會覺得沒有其他工作，或者錯過了工作，或更糟糕的是，我們會變窮光蛋，而事實是，我們阻擋了高價值、高薪資和高報酬的工作，因為我們忙於處理低價值的工作。次要事物的阻礙了真正重要的，你因為價值較低的工作而為人所知，因此吸引了更多同樣的人。在金錢方面，感覺自己值得更好和更高的價值，意味著你不會忍受或支持那些降低你價值和標準的事物。

四、你有金錢相關的成癮問題，或對金錢有極端的情緒。

我們傾向把錢花在我們最重視的地方，而我們重視的往往是生活中努力填補的那塊空缺。例如，如果健康和幸福是我們價值觀中最重要的，那可能是因為我們缺乏我們所渴望的健康和幸福。我們會優先考慮花錢讓自己看起來、感覺起來更好，但常常是動用到我們自己沒有的錢。

如果你給一個賭徒或酒鬼更多的錢，你認為他們會拿這筆錢去做什麼？如果你給一位慈善家更多的錢，你認為他們會拿這筆錢去做什麼？

人們經常利用消費來減輕痛苦，不管是透過購物療法，或是令人興奮的經歷所帶來的刺激。如果你抓好平衡和預算，在資金上管理得宜，那麼這些方法都很好，但許多人就是無法控制這一點。要意識到我們所有人都有的情緒和成癮問題，尤其是如果你用負擔不起的錢來得到滿足。掌控自己的情緒和成癮問題，就能掌握自己的金錢。

五、你不知如何處理繼承、借貸或受贈取得的錢。

對於管理借來、受贈或繼承的錢，人們會有一股強烈的恐懼和責任感。這可能會轉變成自己配不上的感覺，從而導致多疑，害怕失去這些錢。他們可能會堅持對捐贈者的情感，因此感受到不能辜負期望或必須妥善使用這筆錢的壓力。這種壓力會轉化為緊張和焦慮，導致他們對這筆錢無所作為，或是更糟糕，做出錯誤的處置，比如把錢交給他人管理，而沒做到應有的監督職責。

而另一種極端情況，我看過很多人貸款、再抵押房子去和他人合資開公司，因為用的不是自己的錢，所以決策輕率、偷工減料，一點也不認真看待自己的責任。

解決這兩種截然不同的金錢問題方法很簡單：表現得像這是你賺的錢一樣。以至高無上的尊重對待金錢，學會管理和駕馭它。

六、你花錢購買別人的愛和關注，花錢治癒他們或你自己。

許多人渴望被他人所愛或喜歡。我們都渴望得到關注。人們用金錢來填補這些空缺是很常見的。我們的確試圖購買他人的愛與接納。如果你也能與上述行為產生共鳴，那最好的方法就是找到其他不那麼昂貴的方式來獲得關愛——其中最簡單的就是與你所愛的人和欣賞你真實本性的人一起共度時光。

你還可以做其他的事來贏得人們的關愛，比如善意的舉動、幫助和支持他人，以及其他非物質層面但更具價值的事情。渴望得到他人的關愛一點也沒錯，但不要透過金錢來達成。有時候，這可能只是控制他人的掩飾方法，並且可能變得上癮又善於操縱。

七、你相信，如果你有更多的錢，其他人的錢就會更少。

當我寫這篇文章，或在社交媒體上發表有關金錢的文章時，人們常常會評論說，富人從窮人手中奪走了錢，那些擁有大量金錢的人正在剝奪別人的錢。

然而，這並不是現實。金錢往往會從最不重視它的人流向最重視它的人。（第一世界的）窮人由於情緒波動和資金管理不善（這並非總是他們的錯）而把所有的錢都花掉，他們沒有被迫把錢交給店家。是他們自己選擇這麼做的，消費者把錢交給生產者。

此外，富人從不幸的人身上奪取財富，這種見解是假設金錢只會流動一次——錢一旦花掉，就無法再賺回來，當然，事實並非如此。許多貧困的人都很會賺錢，只是他們更會花錢。

事實始終是：金錢會回到那些知道如何管理和掌握它的人，那些知道如何創造、生產，並且提供價值以換取金錢的人。

八、你不善於接受金錢。

儘管這聽起來有點奇怪，但許多人並不善於接受金錢。他們可能非常獨立，感覺好像自己必須控制一切，並且從不接受任何幫助。他們可能把接受看作是一種軟弱的表現，或者他們可能會因為從他人那裡收到禮物、貸款、薪水和酬勞而感到愧疚。

很多人免費提供他們應該收費的服務。許多人收費過低或薪水較低，因為他們覺得自己配不上，或者覺得自己可能會因此受到批評。

當你不善於接受金錢，你就剝奪了他人幫助你的機會（對他們來說，這是一種恩賜）。你否認了金錢不停流動的本質。作為一個金錢的接受者，當你越是心懷感激，你得到的就會越多。

九、你因為愧疚、羞恥或覺得自己不值得擁有而把錢送走。

經常與不善於接受金錢連在一塊的，就是把你所有的錢都送走的欲望和需求。這可能表現為慈善捐贈、過度消費、花費在他人身上、缺乏編列預算以及衝動消費或消費成癮。

很多情緒都有可能助長這種把錢送走的需求。當你覺得自己配不上，不值得擁有這些錢時，你可能會感到愧疚。也許你沒有努力工作就得到這些錢，而這與你的價值觀產生衝突。你可能會覺得自己受到評斷，或金錢會讓你變了一個人，或者你在某種程度上是在剝奪他人。當世界上有這麼多人缺錢的情況下，你可能會覺得自己擁有多餘的錢是不對的。你可能沒有原諒自己過去發生的事情和錯誤，而把錢送走對你來說就是一種治癒的過程。

請參考本章所有的要點，以幫助你克服這些恐懼、疑慮和負面情緒。想像一下，如果你擁有的錢越多，你能為自己、你的家人和這個廣闊的世界做的所有美好的事情。如果你相信世界上應該要有更多美好的事物，就用你擁有的錢去做更多的善事。學會留住並管理好你的錢，這樣你就可以把這份教誨當作禮物送給他人。

十、你「過度控制」了金錢。

許多人認為他們必須極度控制局面，尤其是在金錢方面。這通常是源於對失敗的恐懼，對完美的渴望和需求，或過去失望和失敗的經歷。問題是你根本沒有足夠的時間和資源親自去做所有的事；你必須依靠他人來增加你的財富。你依賴你的雇主、同事、員工、追隨者、客戶和社團。所有的錢在人際之間流通，所以，與其抓住控制權，你必須放手讓它增長。

讓其他人為你承擔任務和責任，並且大家共享金錢。借助他們的時間，在你花費自己更少的時間下，完成更多的事。參與創造更多價值的合夥關係和企業。與以上所有的人建立良好的關係，將會降低讓金錢流向你的阻力。

最後一點：如果你發現自己很難把錢留在身邊，要把它們全都送走，那請全部轉送給我。我會彬彬有禮並且心懷感激地接受你為了要讓自己感覺好一點而決定送走的所有錢！

58 創造財富的公式

我堅信，我們都應該掌控（我們自己的）金錢教育、知識和管理並對此負起全責。當人們不知如何管理自己的情緒或與理財相關的決策時，事情就會出錯。為了幫助人們進一步了解金錢，我根據近二十年研究金錢、富人和扭轉自己財務狀況的經驗，創造出一個財富的公式：

財富＝（價值＋公平交易）×槓桿效果

最後四章將首先詳細介紹財富的公式，然後再個別拆解相對於自我價值的三個部分。我的另一本書，《駕馭金錢》（*Money*）的主題之一就是創造財富，我會盡可能不要重複過多的內容，並且在此進行簡潔地探討。如果你想進一步探索這一領域，歡迎您再去閱讀或收聽《駕馭金錢》。

金錢有一套自己的法則。富人研究並利用他們的經驗來理解和利用這些法則。（第一世界的）窮人不知道這些法則，或是更糟的，他們是這些法則的受害者。我這麼說並沒有任何道德評判的意思。

因為金錢往往會有意無意地，從最不重視它的人轉移到最重視它的人，而財富也總是轉移到那些懂得法則的人。財富的公式是我根據近二十年的學習、研究和經驗而制定的。這個公式中的財富法則經受了時間的考驗，並且在經濟週期的每個階段都是一致的。公式看起來可能有點複雜，但實際上很簡單：你可以像其他任何人一樣利用這個公式來創造財富。

我們來看看公式的每個部分：

・價值

在對方的眼中，價值就是你給予他們的服務。如果你服務、解決問題、表現出關心和關懷，那麼人們就會得到他們更渴望的價值和利益，為之付出代價，然後把你介紹給其他人。

這會產生一種連鎖式的能量傳遞。人們希望自己的問題得到解決，痛苦得到緩解，希望事情變得更快、更容易、更好。時間是一種稀有的資源，也是一種很值錢的商品，所以任何能夠利用或保留時間的東西都會擁有很高的價值，可以兌換成現金。如果你在經濟上或情感上遇到困難，你可以專注在如何為他人服務，解決他們的問題，如此你就解開了財富公式的一部分，更多的錢就會流向你。

你內在的價值感將驅動你外在的價值創造，從而推動感知價值的獲得。所以，如果你的內在世界中沒有價值，就無法為世界帶來價值。這就是為什麼你的自我價值等於你的淨值，至少在金錢方面來說。

這就是阻擋你找雙倍薪水工作的原因，因為在內心深處你覺得自己配不上。但這也是阻止你去做薪水只有目前的一半的那些工作的原因，因為你覺得自己不值得（也就是說，你覺得自己更有價值）。這推動了你對於自己產品、服務和知識產權的訂價。

・公平交易

你必須進行交換或交易才能獲得金錢，從而獲得財富。你必須提供一個別人認為有價值並且願意支付購買的產品、服務或想法，同時你必須抱持著開放的心態，夠高的自我價值以接受合理的報酬。這項報酬應包括適當而可持續的利潤，否則沒辦法長期保持。

當你心懷感激地接受財務上或其公平的補償時，你便有了一場公平的交易，接二連三的業務和客人轉介就是你獲得的結果。你的感激之情將轉化為價值，而買家會意識到這一點。

沒有公平交換或交易的價值，會在你的生活中造成財務上的空洞，因為你付出價值卻沒有得到相對應的收穫。這將導致不公平的交易，營運成本與收入的比率將會過高，你的業務和個人收入將無以為繼。

怨恨和痛苦漸漸形成。愧疚、缺乏信心、強加的宗教或社會信念、市場上限和極端情緒都會讓交易偏向一方，進而無法長期維持。這可能發生在不收費或訂價過低的情況；過分偏袒了買家。這將會產生價值創造減少的連鎖效應，從而形成惡性循環。

另一個極端的情況，如果你收取的費用相對於你提供的價值不合理地高，你會被視為不公正、貪婪或更糟的，欺騙他人。你可能會因為打著漂亮的主張，虛假的承諾，或僅僅是天真地缺乏商業經驗而暫時銷售激增，但一旦人們意識到商品毫無價值，情況就會扭轉。最後，你的營運成本將會增加，因為你必須以額外的客戶服務、退款、公關活動、控制損失或法律訴訟等形式來進行補償。長期下來也無法維持，並且可能導致破產。

・槓桿效果

槓桿指的是服務和報酬的規模、速度及其能造成的影響。你能為更多的人服務並解決他們的問題，你就能賺進更多的錢。你的槓桿可能是客戶、追隨者和粉絲的數量。可能是透過多次購買和客戶忠誠度的轉介推薦和重複交易。可能是更高的價格和利潤。可能是你的聲譽、品牌以及企業和行銷資訊的可傳播和分享的性質。槓桿是你從當地到全國再到全球的延伸和影響力。

而且，問題越大，交易金額就越高（因為交易的公平性是由問題的規模和大小所決定）。產品、服務或你所提供的東西越有價值，人們的滿意度就越高，你的品牌就會像病毒一樣越迅速地傳播開來。你可能已經注意到，你支付最高費用的客戶往往就是最感恩的客戶，他們使用最少的客戶服務。

只有當你擁有價值和公平的交易時，你才能長期利用並擴展財富。如果你對自身的產品大肆做出美好的主張和承諾，或許可以達到短暫的病毒式行銷而聲名大噪，但如果產品沒有用或解決不了人們的問題，你的品牌就無法繼續擴大。一旦人們發現這是場不公平的交易，比如你的工作表現不夠好，但薪水卻很高，你會感到自慚形穢，並被帶回價值平衡的狀態。事實上，擴展太快是很危險的，因為破裂的地方會被誇大、加劇惡化，如果你沒有準備好應對擴展時的混亂，事情可能就會開始崩塌。此外，如果你承諾了無法交付的價值，那麼隨著規模的擴大，這種情況會更加惡化。你的營運成本會增加，利潤甚至可能變成負的。這就是為什麼你會聽到精明的商業顧問建議不要過早或太快擴大規模，以及企業賺取了盈利卻沒有現金可以周轉，或是一間企業多年來已穩佔市場，卻因為某個問題而被澈底摧毀。

同等注重公式的三個部分，但要以正確的順序來發展（先擁有價值，然後追求公平交易，最後才是借助槓桿效果），並在你個人較弱兩個的領域雇用專業人士或與最優秀的人合作。然後你就可以負責最喜歡的那個部分。

一旦你修復或建構了公式中破損或尚未創造的部分，財富和個人淨值的閘門便會打開。隨著規模的擴大，你需要不停地測試，獲取反饋並進行調整。有效的方法會改變，經濟和市場將不斷發展，新的挑戰也會一直出現。如果你接受這一點，而不是成為這種不斷演變的犧牲品，那麼它就會為你帶來你渴望的最大競爭優勢。

以下，我們就來分別探討公式中的每個元素（價值、公平交易、槓桿效果）

59 價值

所謂的價值是在下列三方之間的精細平衡：

一、你踐行自己的價值觀。

二、你所重視的東西，它使你得以成長、自我實現，從而讓你的內心感覺很有價值。

三、為他人提供高度的價值。

當你取得這樣的平衡時，你就更能將你的熱忱和職業融合在一起，做你熱愛的事情，熱愛你所做的事情，幫助他人的同時也能賺到錢。

這是滿足你的自私欲望和無私地為他人提供價值之間的精細平衡。一切都是相互關聯的：當你為他人提供價值時，同時也會鞏固你自己的價值感。當你為自己做一些「自私的」事情時，你也會覺得自己更有價值、更充實，這也反映了你為他人提供的價值。

我認為用我幫助自己、幫助他人，並且透過培訓和教育事業賺錢的經驗最能清楚解釋這一點。

我的培訓公司創造了數千萬元的營業額，是一個可行的商業模式，並且讓我過上愜意的生活。公司雇用了近百名員工，創造數百萬元的稅收，幫助許多家庭支付他們的開銷，並且資助慈善機構，甚至是基金會——羅伯．摩爾基金會（the Rob Moore Foundation）。

如果公司提供了太多的價值，而沒有一個公平交易的訂價策略或營收模式，將無法維持和增長，也無法在上述所有領域中做出貢獻。這是一個商業投資，而不僅僅是一種無私的行為，在商業上必須承擔起創造價值的營運費用。

如果公司提供的價值不足，就會遭到抵制和投訴，增加營運成本，或是面臨更嚴重的聲譽之戰和法律訴訟，使公司付出巨大的代價。

因此，任何一家公司的創始人都需要在自私與無私、賺取商業利潤和做出社會貢獻之間取得平衡，以達到公司最大的增長。

我進入培訓事業是出於自私與無私的原因。在自私的層面上，幫助別人的感覺真的很好，不要誤會了，當別人感激我為他們所做的一切時，我會感受到一股純粹自私的感覺，覺得自己更有價值。這種感覺令人上癮，並且推動我進行更多的價值創造。

但這些行為是有時間成本的，其中還有財務成本要考量。因此，一家公司成立了，課程也設計好了，並且收取費用以支付這些營運成本和賺取利潤。賺取零利潤要麼是企業失敗，要麼是當成嗜好或慈善事業。隨著金流進入公司，利潤就會自我實現，成為一種更高的自我價值感。金錢會增值，你很珍視金錢；你所珍視的事物就會增值。

你獲得更多的滿足和更多的金錢，這不僅滿足了你的私利，同時也以平衡、無私的方式為市場提供了服務。

如果你對自己的價值沒有信心，你就不會為世界提供這種價值，也就不會為此訂下合理的價格。世界無法獲得價值，因此也不會賞識你。我們將會在公平交易的部分進行更多關於這一點的討論。

如果你不重視自己，別人也不會重視你，你也就沒有信心向世界展示自己的價值。你沒有辦法提供你內心沒有的東西。

你可以透過以下方式，在金錢方面更加重視自己：

一、回到過去與金錢相關或在金錢方面發生不好經驗的事件，想一想它們為你帶來哪些助益。

這些事件並不能塑造你，你只是習慣性地用這些過去的經歷預測你的將來。對於別人在金錢上所犯的錯誤，要原諒你自己，看看我能如何幫助你，使你吸引更多金錢流向你。

例如，如果你認為有人因為錢而把你害慘了，從那之後就讓你對金錢產生信任問題，那就回到該次經驗從中吸取教訓：你缺乏盡職調查，你對人性的了解，技術方面的知識，比如安全性、收取的費用和合約。把你學到的一切帶應用在未來，以實現更好的金融交易。

二、學習金錢的法則。

當你完全理解金錢運行的概念時，金錢就可被預測。金錢只是一種普遍的價值交換和可衡量的計算單位。它以一種可量化的方式，即時且更有效率地交換貨物、產品和服務。它是一種儲蓄、投資、取得優勢、對未來的不確定性進行防護措施的方法。

金錢往往會從最不重視它的人轉移到最重視它的人身上。它是由人類所建構，因此遵循的是人類的行為、反應和情感，而非金錢本身。只有當你個人把你的價值觀和信念放在金錢上時，它才具有明顯意義。

你知道的越多，就能成長得越多。你學得越多，就會賺得越多。堅持不懈地閱讀金錢方面的書籍，觀察富人，收聽播客，參加課程並在你的一生中保持謙虛地學習金錢知識。

三、學會愛、欣賞和感激金錢。

當你順風順水時，要感恩是很容易的，但是為了吸引更多財富，你需要對每一筆金錢交易都心存感激，包含帳單和債務。感恩地給予，感恩地接受。

四、期望財富，因為這是你的權利。

根據期望理論，你得到的一切都是你所期望的，而不是「看似」公平或你「應得」的。

你值得擁有財富和金錢，這是你的權利，對所有人來說都是如此。沒有人生來注定是貧窮的，我們都應該進行自我實現。金錢能促使你達到更高、更富裕的自我。期望自己富於創造以及提供價值，並讓金錢流向你。你是否有讓一生的努力和工作表現在你的酬勞、收費和薪水上？你人生中所做的每件事都應該體現在你的價值上，這將會帶來可觀的個人淨值。細數你在一生中所做過和經歷過的一切；盡可能地回溯並列出能增加你價值的事物，無論是你個人的價值感，還是為他人貢獻的價值。可以是教育、學位、獎項、收入、創作和貢獻。專注在你擁有的，而不是你所缺乏的；專注於你所能做的，而不是你不能做的。

五、想一想你花時間和什麼樣的人在一起，如果有必要，做出改變。

「你的人脈就是你的個人淨值」，這句話背後的真相是，你最常花時間在一起的五個人，你就是他們的總和。如果你經常和五個貧困的人在一起，你很可能會變得像他們那樣。如果你常和五個億萬富翁在一塊，你也很可能會變成那樣，因為你會被環境感染。

你要最常和什麼樣的人在一起絕對是你自己的選擇。你希望提升自己或是讓自己下沉？你可以選擇和成功的富裕人士共度時光，這些人可以提升你、教育你、激勵你、啟發你，為你開啟新機遇的大門，為你提供新的體驗、見解和支持。你將會學習到他們的資金模式、系統和理財策略、行為和情緒、槓桿策略和投資。他們可以是指導者、同儕、智囊團、朋友的朋友，你可以從他們身上獲得明智的建議，也可以是你在書中、活動中、紀錄片中學習到的人。

我的播客帶給我最大的恩賜之一，就是我遇到的那些了不起的、富有的和成功的人。這真的提升了我、打開了我的思想、視野、信念和能量。

60 公平交易

當我還是畫家的時候，我的作品售價很低，並不是因為它們很爛。也不是因為我出身彼得伯勒（Peterborough），或是因為我的父親是來自哈德斯菲爾德（Huddersfield）的北方人。

我說服自己，那是因為彼得伯勒的人沒有什麼錢。我知道畫布和材料的成本有多少，由於這些成本很低，所以我覺得開出倫敦那種高昂的價格太貪婪。我通常會以四百九十五英鎊的價格出售一幅一公尺×一公尺的畫作，但這種狀況實際上很少發生。

任何一個人都可以輕鬆殺價到三百五十英鎊——只要他們開口，我就會答應。如果很長一段時間都沒賣出任何作品，我可能會再降到兩百五，甚至兩百英鎊。如果是在畫廊裡售出，那麼畫廊老闆就會抽走四成，所以我就剩下一百二十英鎊，最多三百英鎊。

在五年的時間裡我都是這麼收費的，所以到了二〇〇五年底，通貨膨脹就會把這些數字蠶食殆盡。我就是沒辦法提高收費的水準。在參加過幾次競賽之後，我考慮過在倫敦出售自己的作品。在沒有得到任何認可之後，我又退回自己的保護殼中，覺得倫敦太自以為是了。再加上雙手拿著巨大的畫布搭乘倫敦地鐵，實在是一種尷尬的經驗，因為我知道自己真的負擔不起四趟的火車費，去一趟、回來一趟，還有一次迷路，然後再回來。

關於畢卡索把餐巾紙上的速寫描繪成畢生功力薈萃的那個故事，完全改變了我的想法。這個道理就在我的面前，像一記當頭棒喝，清清楚楚地解釋了為什麼我的作品收費過低。

我只有計入材料的成本，而沒有考慮到自我三歲起所投入的時間、投資、總成本、機會成本、獎項、學位、堅持、痛苦、對藝術的熱忱和奉獻。我在為自己作品的訂價時，完全沒有列入我二十多年來的經驗。這裡要傳達的訊息很強烈。你的訂價必須包括一生所做的努力、教育、經驗、想要服務、解決問題和關懷的欲望以及你所做出的犧牲。

如果沒有計入這些，那麼你將會體驗到我所感受到的內疚、尷尬、痛苦和缺乏自我價值的感覺。你會怨恨買家支付較低的價格，而諷刺的是，那正是由你自己訂定的。當然，價值是主觀而相對的，因此買家認為的價值也是價值決定、公平交易的一部份。如果買家認為交易不合理，你也不能任意開出過高的價格。**正是這種公允價值和公允價格之間的平衡創造出公平的交易。**

必須進行一場交換（或交易），你才能獲得金錢和財富。否則，這就會變成一種嗜好或慈善事業。你提供對方認為對他們有價值的產品或服務，所以他們願意以同等價值的報酬來交換。公平交易通常是賣家和買家，或雇主和員工之間最低限度的雙向交換。

為了進行公平交易，賣方必須增加買方所認為的價值，而買方必須交換賣方認為的相等的貨幣價值。只有在公平交易下，你才能擁有自由的資金流，從而擁有財富。市場或個人支配著公平交易的觀念，有時候像藝術品一樣是個別決定的，有時候像燃料價格一樣是統一的。價格總是說出實話，因為它是賣方願意接受和買方願意支付的金額，兩者之間的協議。

沒有公平交易或報酬的價值實際上根本不算價值。**大多數的人都不重視他們不用支付代價即可獲得的東西。**

你是否曾經免費獲得過書架上滿是灰塵的書？或許你的藏書又更豐富了，但免費獲得的建議都值得聆聽，而大多數的人從不重視它。想像一下，如果你花了五百英鎊買一本書，你會去讀它嗎？價值是金錢量化的感知，將虛無縹緲的東西放入一個有形而具體的衡量標準。

許多努力賺錢的窮人，並沒意識到他們把產品和服務的價格訂得太低，實際上就是在製造並吸引貧困。我現在知道自己就是這個樣子，我以為在彼得伯勒沒有人有錢買我的作品，但事實上恰恰相反。我訂價過低的畫作吸引了低薪的顧客，更糟的是，這排斥了高薪的消費者。如果我將作品訂價高一點，我會感到內疚、恐懼和擔心。反之，我貶低了自己的自我價值和世界給予我的價值。我覺得不公平的交易發生在我的身上，而實際上是我自己在創造不公平的交易。

如果你開出的價格不夠高，沒有人會自願幫助你達到更公平的價格，付出比他們認為的「公平」價格更多的錢。沒有人會付給你更多的錢來提升你的自我價值。這必須由你自己來達成。如果你開出的酬勞或薪資過低，公平交易就會失去平衡，造成無法持續發展的後果，比如零利潤或負利潤，以及賣方或員工的不滿。零利潤和不滿情緒將使他們的自我價值持續低落，並惡化與客戶以及雇主的關係。

反之，儘管買方支付了較低的價格，他們還是會感覺到價值的不足。由於金錢的法則和本質，這樣的訂價會吸引更多相似的人。諷刺的是，解決方法很簡單，就是把你的價格、酬勞和薪水提高！

因為金錢反映並符合人性，同時也是一個驚人的矛盾平衡，另一種極端的不公平交易也是無法持續發展。非法或不公平獲得的財富經常被列舉為公平交易的反例，但它們更多的是出於對於權力的需求。也許在短期之內，你可以透過販毒或在腐敗的共產主義社會下執政來賺錢，但這些都是極端而罕見的例子。如果你研究歷史，就會發現這些過度貪婪和權力的例子大多是無法持續的，其後果往往也與貪婪的程度成比例。對應的結果可能是鉅額的債務、坐牢或是更糟。任何為了獲得比全體人類更多的自我利益而過度使用權力的人，通常會被罷免、推翻，或者在極端的情況下，被殺害。

所以，如果在沒有給予同等價值的情況下進行接受，或者有人為提供產品、服務或想法開出的酬勞太高（或價值過低），就會產生嚴重的後果。人們會感到失望、被敲竹槓或者更糟，被欺騙。他們會積極地傳播出去，進而影響你的聲譽，減少未來的銷售。根據《口碑行銷的秘密》（*The Secrets of Word-of-Mouth Marketing*），一個好消息會被分享四次，壞消息則高達十一次。銷售在一開始可能會飆升，直到價值的缺失被證實就會開始逆轉，因為價格超出市場上限，或感知到的價值低於酬勞的水準。在極端的情況下，人們會認為這是敲竹槓、詐欺或者公然盜竊。即使是低價的商品也有可能發生這樣的情況，例如瑞安（Ryanair）航空。瑞安航空最終因為激進的投訴而改變了訂價策略；事實上，他們被迫回到平衡並且提供更好的服務。

我們必須注意到公平交易的兩種極端情況，並且努力取得平衡。財富是金錢法則的動量與速度在運轉，只有透過持續的公平交易才能建立並維持。過分偏袒自己，就會降低他人感知的價值；過分偏袒他人，就會降低自我的價值和可持續性。

PayPal公司意識到透過電子郵件來匯款具有極大的商機，會有一間公司吃下這塊大餅，這件事情做起來相對容易，而且目前還沒有人出來主導這個市場。他們很快地嘗試了各式各樣的途徑進入市場。

最初，他們沒能提供任何誘因或價值讓客戶加入他們的服務，這就是他們面臨的最大挑戰。他們需要根本而強健的成長。所以他們給客戶錢。新客戶註冊就可以獲得十美元，舊客戶轉介推薦一人也可以獲得十美元。於是公司以越來越快的速度成長，PayPal甚至將新客戶註冊的禮金提高到二十美元。他們日益增加的價值和彈性首度成為公司重要的資產。PayPal在二〇〇二年上市時迅速地改變營運方向，後來被億貝（eBay）以十五億美元的價格收購。近期的PayPal市值估計約五百億美元，而這一切都是由先付出而來的。

在公平交易的情況下，你會增加你的自我價值，因為你覺得自己的時間和努力得到了足夠的報酬，這一點會反過來幫你提高你的價格和價值。你可以獲利，這意味著你可以擴大服務規模，然後再投資到品質和價值上。

此外，當你提高了價格和價值，你便能吸引到更高品質的客戶，他們重視你所提供的產品，並願意支付更多的錢。當他們支付越多，你就可以提供更多、服務更多，創造出增長和貢獻的良性循環，提高金錢的流動速度並增強它的本質。這也是為什麼提高價格很重要的另一個原因。當我還是個畫家時，如果能讀到這本書的話，就可以幫助我省下近五年的生命以及五萬英鎊的債務。

翠西．艾敏（Tracey Emin）以兩百二十萬英鎊的價格賣出了《我的床》（*My Bed f*）。達米恩．赫斯特（Damien Hirst）以九百六十五萬英鎊的價格賣出了《搖籃曲之春》（*Lullaby Spring*）。我賣掉了《sweet FA》，多年來都是個滿腹怨恨的混蛋。

61 槓桿效果

槓桿是利用更少的資源來實現更多的目標：用更少的錢或別人的錢來賺取更多的錢；用更少的時間或更少的個人時間來獲得更多的時間；用更少的努力或更少的個人努力來獲得更多的成果。槓桿是快速達到目標、擴展和造成影響。注意聽偉大工程師阿基米德（Archimedes）所說的：「給我一根夠長的槓桿，我就能移動地球。」

大部分人都沒有好好借助槓桿，總認為「更加努力」就能賺取更多的錢。你必須「艱苦奮鬥」和「犧牲」才能「謀生」。

生活是你的權利，你不必「搏得」生活，你應該要享受生活。每個人都借助槓桿：佣人或主人、雇主或員工、領導者或追隨者、放款人或借款人、消費者或生產者。兩者都為彼此服務，但一方利用槓桿，另一方則是**被當成槓桿**。

你要嘛運用槓桿，朝著你卓越的願景邁進，利用他人的時間、金錢、資源、人脈、系統、經驗和技能來賺錢，要嘛就是被拿來達成他人的宏偉願景。

如果你為別人工作而且覺得不開心，或只是為了錢而工作，當工作停止時，錢也就不再流入，那麼你就是被別人的槓桿控制了。他們從你身上賺錢，你處於價值鏈的下游，努力工作卻賺的更少。你可能擁有最少的控制權和自由，並且也不太開心。

大多數人都相信時間、工作和金錢是直接相關的。百萬富翁、億萬富翁和有遠見的人都知道它們是相反的。你被教導要為錢努力工作，但你需要讓你的錢為你努力工作。人家告訴你更長的工時和加班可以讓你賺更多錢，但事實上，遠見、槓桿作用、領導力以及建立人脈和團隊來實現這些目標，實際上會創造巨大且持久財富。

百萬富翁、億萬富翁或僅僅是優秀的理財高手都會利用他人的時間、資源、知識和人脈來賺錢並節省時間。看看億萬富翁的生活方式，他們真的有比礦工、佣人和清潔工「更努力」工作嗎？並沒有。槓桿是可以學習的，你可以學習他們所知的、已經學到的以及用來賺錢、節省時間和改變現狀的策略和戰術。

拜發達的網路、光纖以及所有運用它們的應用程式、媒體、科技和系統之賜，利用槓桿比以往任何時候都更容易。即使你是一人公司，你也可以外包大部分的業務。你可以雇用一個按小時計費的虛擬私人助理，以騰出時間投入在創造收入的工作。你可以利用各種廣泛的社交媒體渠道，以低成本或免費的方式接觸數百萬人。你可以不用透過電視、廣播廣告和曝光就成為意見領袖。你可以透過手機鏡頭、YouTube頻道和播客建立自己的一人媒體帝國。你可以利用大數據、直觀演算法和人工智慧，即時與市場和使用者互動。你可以將創意和內容在社團或社群媒體上透過群眾外包完成。你可以向群眾募資建立初創企業和資產。你可以運用別人的想法，就像史蒂夫．賈伯斯借助現有技術一樣。你可以利用免費且廣泛的可用資訊。

如果我們從工業時代進入資訊時代，那麼現在我們可能處於槓桿時代。一位意見領袖的推薦或公開致意，你可能就會在世界上迅速走紅。

相對於財富公式，更重要的是價值交換的速度和規模。它是透過增長、更多聯繫和更高的知名度和聲譽來增加收入和影響力。槓桿是快速達到目標、擴展和造成影響。沒有槓桿就沒有知名度。沒有知名度，在更廣闊的市場和世界中就不存在。

在第六章中，我舉了一些例子說明創新的商業模式和充滿熱忱的人們將他們獨特的才能和熱情轉化為豐厚的利潤。你在另一種、非金錢的層面上來說，已經是一位百萬富翁、億萬富翁。你只需要欣賞並重視你的才能，以使它們增加價值。把你的潛在財富轉化為實實在在的現金。百萬富翁將自己的價值和獨特性轉化成貨幣的形式，而你也可以。

如果這些人能做到，誰說你做不到呢？我敢肯定，他們對於自己獨特、奇怪和古怪的商業模式如何賺錢，也抱持著同樣的恐懼、疑慮和擔憂，但他們追隨自己的熱忱，看看這讓他們達到什麼樣的境界。把你的熱忱轉化為職業、把你獨特的才能轉化為現金的四個要素就是：熱忱、職業、市場和利潤。

一、熱忱

熱忱是能量、熱情、活力、解決問題和不屈不撓的欲望，經常在逆境中始終如一地堅持下去。你和你的事業會經常受到測試，所以繼續燃燒下去的火焰就是你的熱忱。如果沒有熱忱，一旦遇到困難，你就會放棄認輸。

- 審視內心，尋找你已經擁有的熱忱，或是持續每天問自己：「我最熱衷的是什麼？」
- 「在長時間下我想要做什麼，甚至餘生都如此？」
- 「我想要做什麼事情，並且我不認為那是工作？」
- 「我選擇的職業會有什麼特權？」

從這些地方開始尋找。

有些人從很小的候就知道自己的熱忱。其他人則必須不斷測試、搜尋和掙扎，但如果你不斷地問自己，你就會找到。你可以在晚上和周末做兼職，也可以嘗試全職去摸索，這都是你的選擇。

二、職業

職業就是把你的熱忱商業化。抽掉金錢因素的熱忱等同慈善事業或嗜好。在上幾代的人們中，職業相當固定，把嗜好或興趣當成工作來賺錢幾乎是前所未聞的。在媒體、網路、社群媒體、意見領袖和個人品牌分散化的現代世界中，以嗜好來賺錢，比以往任何時候都更容易也更適合。你要考慮的因素是：你想要透過這個熱忱來賺錢嗎？你準備好學習這項熱忱的商業要素了嗎？你是否想要擴大規模，並用它來幫助和服務他人呢？如果是的話，那我們開始吧！

三、市場

市場是你能接觸到的潛在客戶空間及數量。如果你的遠大理想是在外蒙古（Outer Mongolia）經營一家灌腸療養中心，那可能沒有夠大的市場能供你擴展。我不知道為什麼會舉那麼具體的例子！你會希望自己的產品能有不斷增長的利潤領域，並且不是過於小眾的市場。凱文．凱利（Kevin Kelly），一位我在「顛覆性企業家」播客中採訪過的趨勢專家，認為你只需要一萬個真正的追隨者或潛在客戶就能擁有穩定而可持續發展的事業。

透過查看Google趨勢、Google搜尋、社交媒體平臺上的趨勢以及搜尋量大的關鍵字，做一些快速到驚人的研究比以往任何時候都更容易。創新者和顛覆者經常忽視這一領域，因為他們認為自己的產品或服務將開拓自己的市場。你可以透過開發人們甚至都不知道自己需要的產品和服務來創造需求，但首先檢查市場可行性和規模並沒有壞處。

四、利潤

利潤是大多數人錯過的最後一塊拼圖。利潤僅僅是財富公式的貨幣結果。正是公平的商業交易鞏固了產品和服務價值，事實上它增加了價值，因為我們傾向珍惜自己支付代價而非免費獲得的東西。

生產者會更加負責，並致力提供有益於消費者的產品和服務；消費者也會因為已經付款而更加確實地使用和消費產品。所以你可以有充分的理由認付款的服務比不付款更好。付款交易也是一種保障，流入交易的資金可以再投資於創新和改進產品及服務，這些金流包含了稅收、費用以及回饋到公共服務的捐款。貨幣流動創造了就業機會，從而產生更多的稅收，並為人們的生計和生活方式提供了資金。

金錢就是理念、願景、創造力和精神轉化而成的實際物質。當你尊重自己的熱忱，把它變成一種職業，為市場提供服務，並且平衡了財富公式的元素：價值、公平交易和槓桿時，你就成了財富的煉金士。

我相信你的價值遠遠超過目前獲得的貨幣兌換價值。因為你擁有能為世界帶來價值的獨特才能和天賦，它們潛藏在你的內心並且需要被表達和釋放。有些事情對你來說很簡單，你所擁有的這種技能正是他人所需要用來解決問題和舒緩痛苦的方法。他人苦苦掙扎並願意為此付出代價的事，對你來說是相當簡單並享受其中的。

有生以來你一直是個與地球上任何其他人同等重要的人。

其實你值得擁有更多，但你必須開始行動。

請不要以這本書作為結束，而是成為你送給自己的禮物以及讓世界欣賞真實的你的開端。這樣的你已經足夠，一切都潛藏在你身上。

你已經度過了你的一生，這應該被納入你的工作、薪水和價格之中。同樣地，你也可以持續發展自己的技能、熱忱、理解、知識、經驗和人脈，進一步增加你的自我價值。

每當你感到沮喪或迷惘時，永遠要記得對自己說：

「我值得擁有更多。」

BI7129

豐盛心態：

實現自我價值，發揮最大潛能，創造人生複利效應

I'm Worth More: Realize Your Value. Unleash Your Potential

作　　者／羅伯．摩爾（Rob Moore）
譯　　者／陳圓君
企劃選書．責任編輯／韋孟岑

版　　權／黃淑敏、吳亭儀、邱珮芸
行銷業務／黃崇華、張媖茜
總 編 輯／何宜珍
總 經 理／彭之琬
發 行 人／何飛鵬
法律顧問／元禾法律事務所 王子文律師
出　　版／商周出版
台北市 104 中山區民生東路二段 141 號 9 樓
電話：(02) 2500-7008　傳真：(02) 2500-7759
E-mail：bwp.service@cite.com.tw
Blog：http://bwp25007008.pixnet.net./blog
發　　行／英屬蓋曼群島商家庭傳媒股份有限公司城邦分公司
台北市 104 中山區民生東路二段 141 號 2 樓
書虫客服專線：(02) 2500-7718、(02) 2500-7719
服務時間：週一至週五上午 09:30-12:00；下午 13:30-17:00
24 小時傳真專線：(02) 2500-1990；(02) 2500-1991
劃撥帳號：19863813　戶名：書虫股份有限公司
讀者服務信箱：service@readingclub.com.tw
城邦讀書花園：www.cite.com.tw
香港發行所／城邦（香港）出版集團有限公司
香港灣仔駱克道 193 號超商業中心 1 樓
電話：(852) 25086231　傳真：(852) 25789337
E-mail：hkcite@biznetvigator.com
馬新發行所／城邦（馬新）出版集團【Cité (M) Sdn. Bhd】
41, Jalan Radin Anum, Bandar Baru Sri Petaling,
57000 Kuala Lumpur, Malaysia.
電話：(603) 90578822　傳真：(603) 90576622
E-mail：cite@cite.com.my

封面設計／萬勝安
內頁排版／菩薩蠻數位文化有限公司
印　　刷／卡樂彩色製版有限公司
經 銷 商／聯合發行股份有限公司
電話：(02) 2917-8022　傳真：(02) 2911-0053

■ 2021 年（民 110）07 月 01 日初版
■ 2024 年（民 113）03 月 19 日初版 3 刷

Printed in Taiwan

定　　價 390 元

ISBN　978-986-0734-75-1（平裝）

城邦讀書花園
www.cite.com.tw

I'M WORTH MORE
First published in Great Britain in 2019 by John Murray Learning.
An Hachette UK company.

國家圖書館出版品預行編目 (CIP) 資料
豐盛心態：實現自我價值,發揮最大潛能,創造人生複利效應/羅伯.摩爾(Rob Moore)著；陳圓君譯. -- 初版. -- 臺北市：商周出版：英屬蓋曼群島商家庭傳媒股份有限公司城邦分公司發行, 民110.07
368面；14.8×21公分
譯自：I'm worth more : realize your value, unleash your potential.
ISBN 978-986-0734-75-1(平裝)
1.自我肯定 2.自我實現 3.成功法
177.2　　110008522

Idea man